旅ジャーナリスト・のかたあきこ

手わざの日本旅

星野リゾート
温泉旅館「界」の楽しみ方

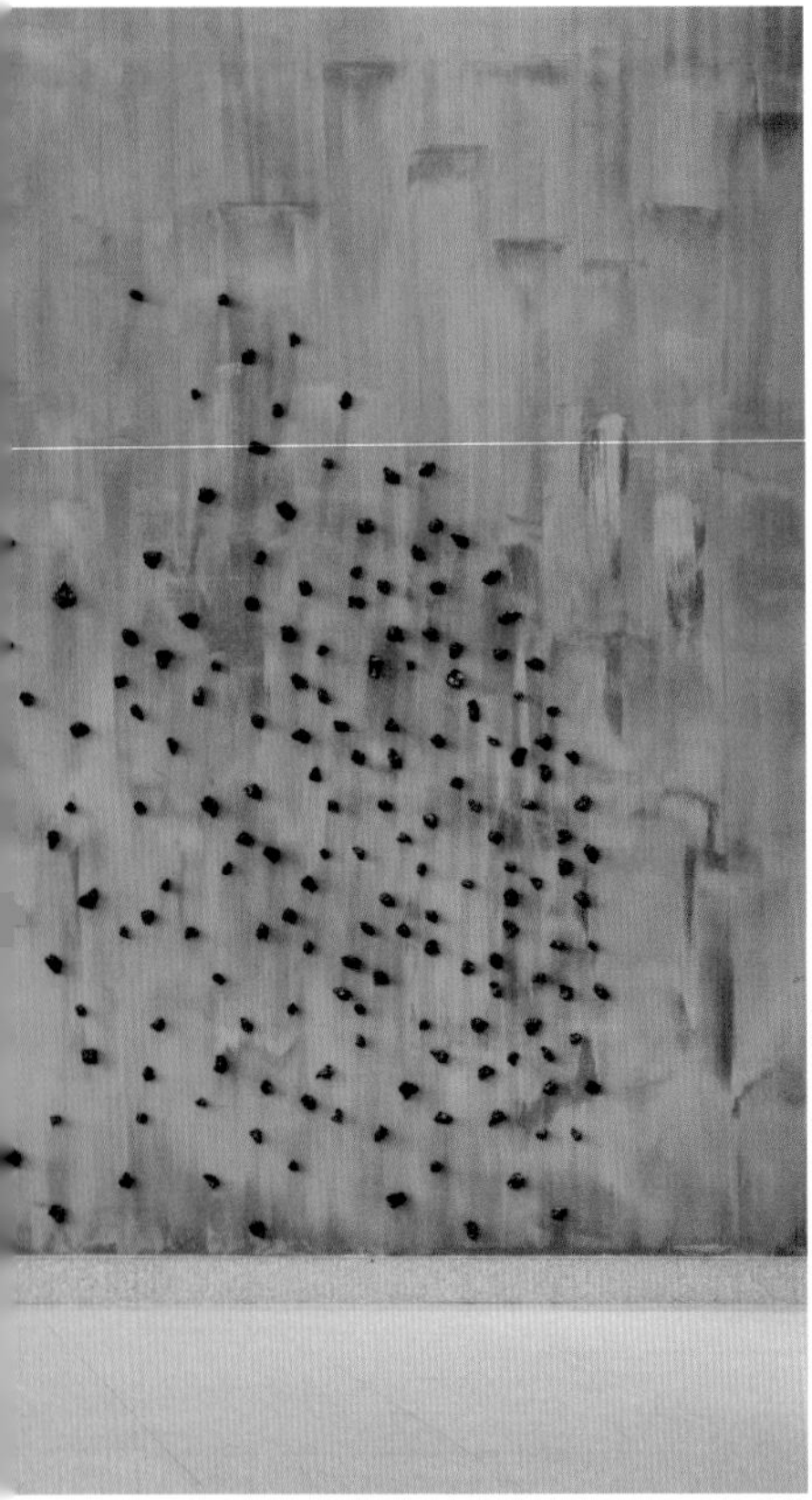

はじめに

好きという理由から
旅と本づくりの仕事を始めて
30年が経ちました。

日本をぐるぐる旅しながら
素敵な「町・ひと・温泉・宿」にめぐりあい、

「もっと知りたい」

「もっと伝えたい」

という思いで取材発信をしてきました。

この本は
星野リゾートが運営する
全国の温泉旅館「界」で出会える
日本の手わざ、手仕事体験を
たくさんの写真と文章で
ご案内する一冊です。

伝統工芸、食、伝統芸能……

関わるみなさんをご紹介しています。

例えば職人さん、作家さん、生産者さん、
地域の方々、そして
旅館スタッフの思いに注目しました。

四季が織りなす
美しい日本の温泉地で、
人との出会いによって生み出される
手わざの物語です。

界のアクティビティ
「手業(わざ)のひととき」体験と、
温泉旅館での楽しい過ごし方を
ご紹介します。

それでは、
わくわくとリラックスが待つ場所へ
一緒に出かけましょう。

旅ジャーナリスト・のかたあきこ

手わざの日本旅

星野リゾート
温泉旅館「界」の楽しみ方

目次

手わざの日本旅
星野リゾート 温泉旅館「界」の楽しみ方

目次

グラビア

コラム

よみもの

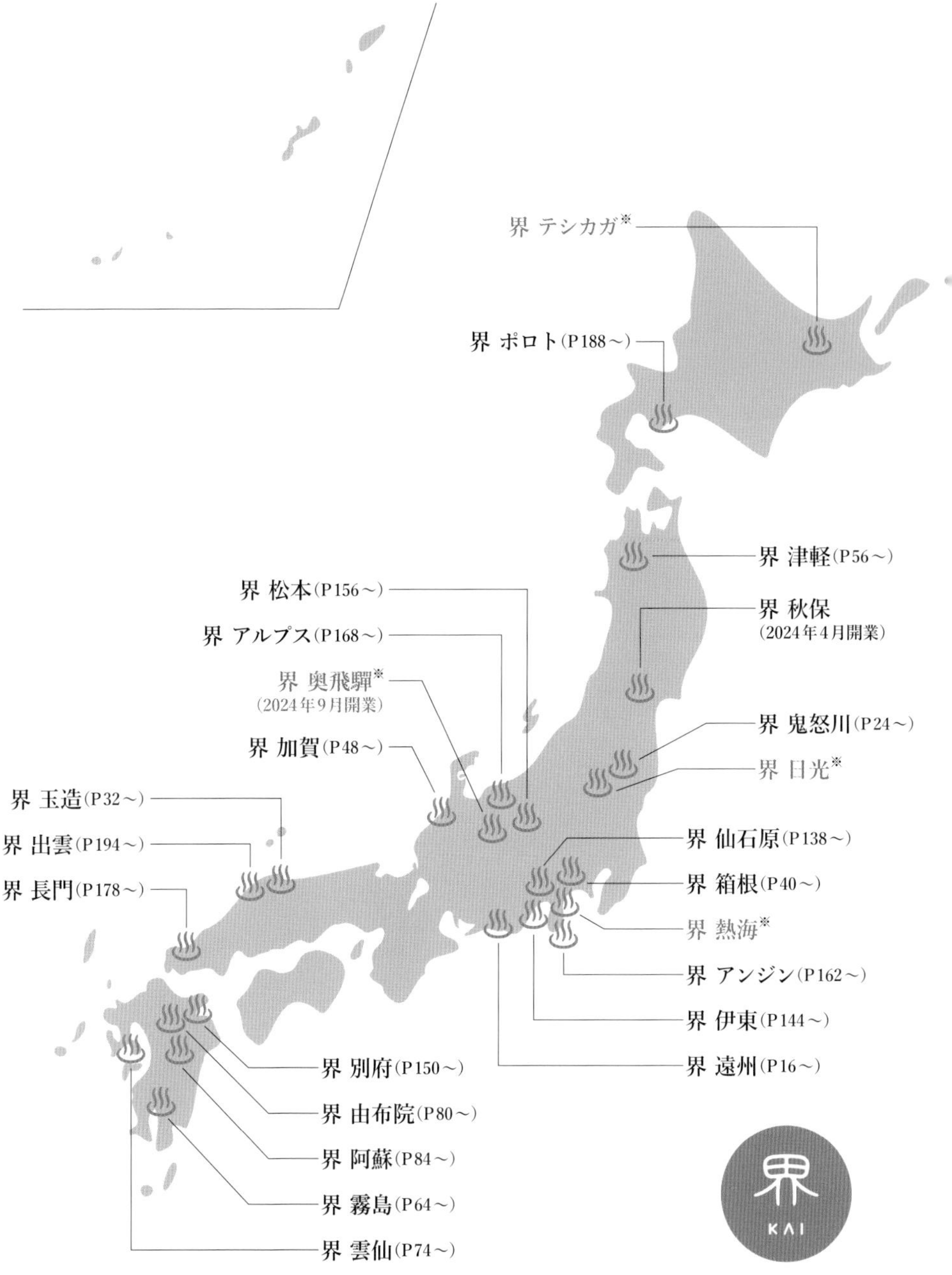

※休館中もしくは今後開業を予定する施設

本誌掲載の情報は2024年3月現在のものです。掲載内容は予告なく変更されることがあります。お出かけの際には、事前に各施設ホームページをご確認ください。

手業（わざ）のひととき

日本の温泉地で育まれるもの

界 箱根に泊まって箱根寄木細工の工房を訪ねる。左／界 長門の赤間硯体験を監修する伝統工芸士。

界 加賀の金継ぎ工房で行う伝統的修復技法の見学体験(こちらは通常の館内体験。P55)。下/つるし飾り体験(界 伊東)。

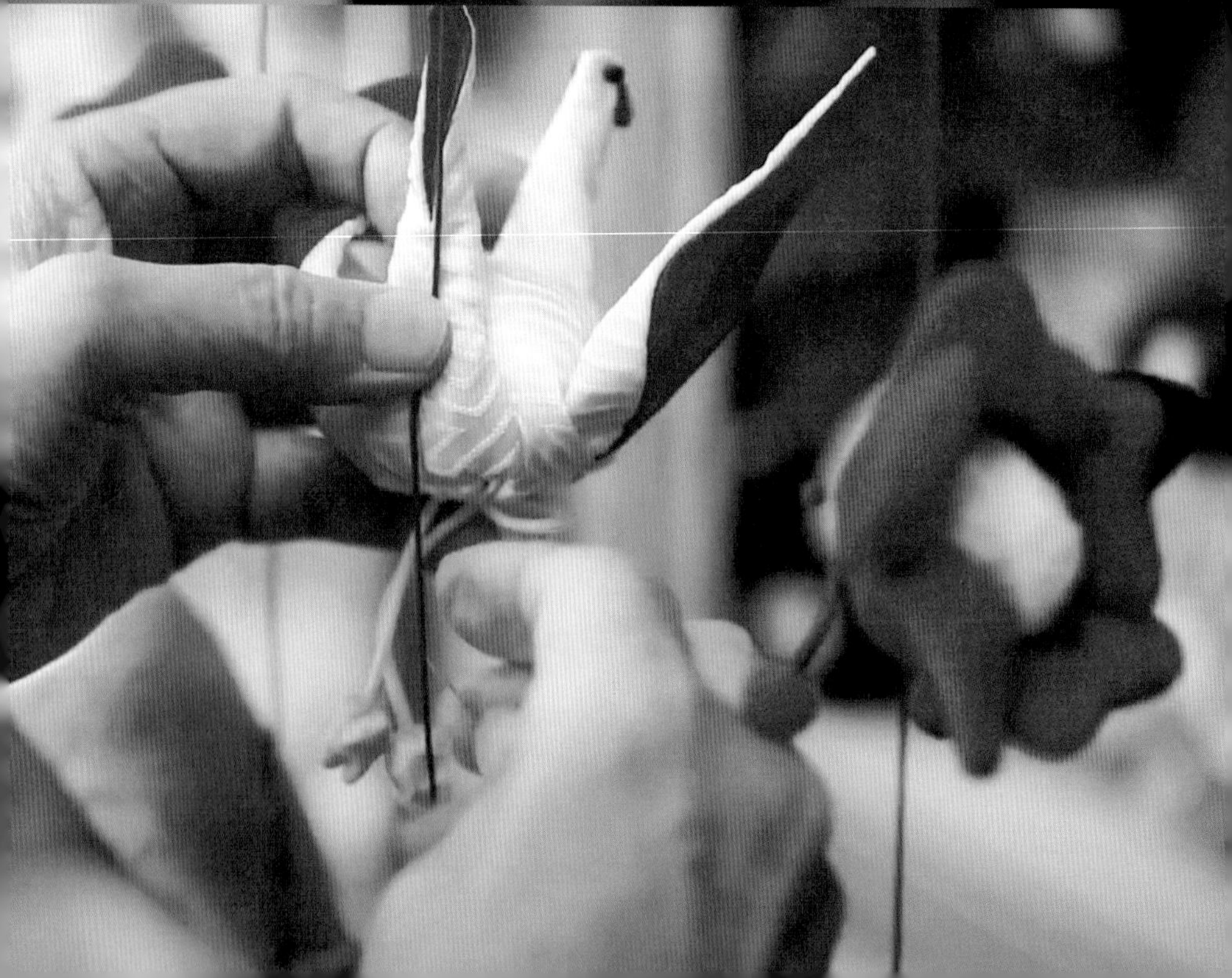

界 別府では客室で「つげブラシ」を試した翌日、工房へ。上／黒羽藍染の工房ツアー（界 鬼怒川）

「伊豆の恵みで育むクラフトビールのブルワリー探訪」(界 アンジン)。

界 遠州の「手業のひととき」は新茶摘みと製茶体験。下／醸造家が案内するワイナリー(界 松本)。

アイヌ伝統歌を奏でる体験（界 ポロト）。下／界 津軽では津軽三味線の達人技に触れる。

手業のひととき

パート❶

界 遠州

かい えんしゅう

静岡県／舘山寺温泉

手業のひととき

「自然の恵みをまるごと感じる 新茶摘みと製茶体験」

上／ご当地楽の進化版として2021年から始まった「手業のひととき」。茶農家と協力し、新茶摘み、茶揉みを行い、体験者が揉み上げた茶を味わうプラン。下／静岡県茶手揉保存会・師範の鈴木康之さんから文化財の手揉み製法を教わる。

静岡茶を楽しむ美肌湯の温泉旅館

浜名湖畔の舘山寺《かんざんじ》温泉にある界 遠州は、全33室がレイクビューの眺めのいい温泉旅館です。日本屈指の茶処・静岡県にちなみ、2013年の開業時から「煎茶」をテーマにしています。

館内では茶香炉《ちゃこうろ》が焚かれ、お茶を焙じる香りに心が落ち着きます。庭園には「つむぎ茶畑」という茶の木とツツジによる縞《しま》模様の茶畑が広がり、茶産地の期待がふくらみます。

つむぎ茶畑の風景を楽しみながら静岡茶を堪能できるのが、美茶楽《びちゃらく》ラウンジです。2022年にリニューアルした明るく開放的な空間。静岡茶12種類を用意するティーセラー、冷茶のティースタンド、トラベルライブラリーが備わるくつろぎスペースになっています。

露天風呂には茶葉を詰め込んだお茶玉が浮かび、入浴のタイミングに合わせた茶を用意するなど、静岡茶づくしの滞在が楽しめます。

浜名湖を背にして広がる界 遠州の庭園「つむぎ茶畑」。毎朝ここで茶摘みの動作などを取り入れた「浜名湖茶摘み体操」を開催。

左／美茶楽ラウンジは、眺望と静岡茶を楽しむ空間。ティーセラーを併設し、小上がりで自由に味わえる。中／地域文化に触れる「ご当地楽」は、利き茶体験。右／煎茶ざんまいの「茶処リビング」があるご当地部屋。

文化財の手揉み製法を教わる

ご当地の文化を深める体験「手業《てわざ》のひととき」では、地元の「まるたま製茶」とコラボレーションして新茶摘みと製茶体験を季節限定で行っています。体験は宿泊初日のチェックイン前。宿から車で10分の場所にある老舗のまるたま製茶は、茶の栽培と製造販売に加え、体験を行い、カフェもあります。

まずは茶を摘み採る摘採《てきさい》体験から。一面に緑の畝《うね》が連なる茶畑は、安心安全にこだわり農薬無散布。手業の指導は、静岡県茶手揉保存会・師範の鈴木康之さんが担当します。

「一芯《いっしん》二葉《によう》」といわれる新芽の部分を、親指と人さし指でつまんで軽く倒し折ります。冬の休眠から覚めた、若く柔らかい新芽（みる芽）は、色鮮やかで栄養を蓄えています。「八十八夜」で知られる初夏の一番茶から真夏の三番茶までが茶摘みシーズンです。

茶摘みの後は体験工房で、鈴木さんから手揉みを教わります。茶の手揉み製法は静岡県指定無形文化

新茶摘みと製茶体験

❶コツを教わり茶摘みに挑戦。❷手揉み茶体験は農機具小屋を改装した工房で。蒸した茶葉を「葉振るい」して少しずつ形を整える。❸茶の成分を出しやすくする回転揉み。❹揉み切りで形をきれいに。❺私の手揉み茶過程。❻師範の作品とマイ手揉み茶を堪能。

立ち寄りスポット

まるたま茶屋

まるたま製茶の敷地内にあるカフェ兼直売所。季節ごとの厳選茶を、お茶パフェや和菓子プレートといったスイーツとともに味わえる。カフェ11時～L.O.15時30分。日曜・祝日休。☎053-522-0517

静岡県茶手揉保存会・師範の鈴木康之さん

静岡県浜松市出身。「まるたま製茶」で、自園自製の茶を販売。静岡県指定無形文化財である茶の手揉み製法を習得し、静岡県茶手揉保存会では師範を務める。写真右はまるたま製茶の五代目で日本茶インストラクターの鈴木あおいさん、カフェやイベントを担当。

手揉み茶は作品。難しいから面白い

静岡県は手揉み茶を行う茶師が歴史的に多く、後継者育成に力を入れる茶産地です。私にとって手揉み茶は「作品」。自分の手業、匙加減ですべてが決まるからです。難しいから面白い。それが続ける原動力。先人が工夫を重ね伝えてきた手揉みをご紹介します。

［手業のひととき］宿泊初日の12時30分〜15時開催（実施日は施設サイトに掲載、事前WEB予約）、1日1組（1組2〜4人定員）、1人1万円（宿泊費別）

財である職人技。針状に伸びた上級の茶葉を作るには、通常は手揉みだけで4時間以上かかります。全工程を2時間ほどで行う本プランでは、初心者も取り組みやすい形を、鈴木さんと界 遠州のスタッフとで考えたといいます。

摘み取った生葉は蒸すことで発酵をとめた後（殺《さっ》青《せい》）、水分を飛ばすために「葉振《はぶ》るい・回転揉み・揉み切り」などを経て、形を少しずつ整えていきます。揉むことで、旨みのテアニンや渋みのカテキンなどの成分が抽出されやすくなるそうです。

手の中で茶葉の質感や形がどんどん変化していきます。水分が飛んで100gあった茶葉が20gほどになると完成。鈴木さんの手業は無駄がなく美しく、見惚れます。眺めるだけで楽しい時間です。

完成した「マイ手揉み茶」は師範の上級煎茶と比べると、見た目は無骨で味わいになめらかさが足りないものの、香りよく旨みたっぷり。マイ手揉み茶は素敵に包装され、世界にひとつの旅土産ができました。

界 遠州

湖畔の温泉旅館で日本茶再発見
遠州綿紬の客室で和みのひととき

上／茶処リビング付特別室の露天風呂。浜名湖一望の露天風呂と広いパウダールームなどゆったりとした客室。中／「茶処リビング付和洋室」。下／茶処リビング付特別室。ベッドライナーや障子布には、新茶をイメージした界 遠州オリジナルの遠州綿紬を使用。

左／ヒバ造りの露天風呂。茶葉を詰めた籠がいくつも湯に浮かび、茶の香りに包まれながら湯浴みが楽しめる。下／売店で人気の遠州綿紬ハンカチ。

石造りの露天風呂では湖風を感じながら温泉を堪能。塩化物強塩泉は体を芯から温め、肌を保湿する。

滞在シーンに合わせ静岡茶を楽しむ

お茶づくしは宿でも続きます。

地域文化に触れる「ご当地楽《がく》」では、日本茶インストラクターや日本茶アドバイザーほか茶を学ぶスタッフが、利き茶など年5回内容を替えて毎日実施。「お茶を通して地域とお客様をつなぎたい」というスタッフの情熱は、客室用インフォメーションブックやラウンジのティーカードからも感じます。ティーカードは、ティーセラーで提供する12種類の味わいや茶の淹れ方を指南するものです。

全室が浜松の伝統工芸・遠州綿紬《えんしゅうめんつむぎ》を施したご当地部屋「遠州つむぎの間」です。遠州綿紬をクッションやベッドライナー、障子紙に組み込む障子布などに使って、空間に優しい彩りを添えています。

人気の「遠州つむぎの間　茶処リビング付和洋室」には、滞在シーンごとに楽しめる茶葉とお茶請けと茶器を用意する茶処カウンターがあります。例えば到着時、夕食後、起床後など。茶葉の量、湯の温度、

食事処のテーブル席は浜名湖を一望。刻一刻と表情を変える美しい風景にうっとり。半個室もある。

美容に最適
フグづくし

右／ヒレ酒、てっさ（造り）、から揚げ、鍋などの「ふぐづくし会席」。フグはコラーゲンたっぷりの美容食。左下／浜名湖の「鰻」と遠州灘の恵み「トラフグ」が堪能できる特別会席「ふぐうな会席」。右下／茶葉を保管する木の茶箱で提供する「茶箱朝食」。

浸水時間、注ぎ方次第で味わいが変わることを学べます。南部鉄瓶で湯を沸かし、丁寧に湯を冷ますなどのこだわりで、まろやかで風味豊かな茶が味わえます。

濃い温泉で体の内側からきれいに

温泉は四つの湯船を男女入れ替え制で堪能できます。泉質は、国内屈指の塩分濃度を誇るナトリウム・カルシウム―塩化物強塩泉です。

入浴すると皮膚に塩分が付着して保温効果がアップ。湯冷めしにくいため、神経痛や筋肉痛などの症状によいといわれています。さらに、体が温まれば血行がよくなり、新陳代謝が高まってデトックス効果も！　内側からきれいになり、心身の若返りも期待できる温泉です。大浴場では、水分補給に最適な3種類の茶を入浴前・入浴中・入浴後に提供する「入浴お茶三煎」のサービスがあります。

「入浴前にお茶を飲むと、カテキンの吸収率が7倍に上がるという研究データがあります」と話すの

左／水出し茶のティースタンド。ウェルカムドリンクとして提供。旨みと茶の色・水色《すいしょく》が楽しめる。下／スタッフが制作したティーカード。ティーセラーに設置する茶の情報をイラストやピクトグラムで分かりやすく紹介。

新茶をとことん満喫　「静岡新茶侘《わ》び茶日《さび》滞在」

新茶の季節に実施される「静岡新茶侘び茶日滞在」。一押しは、茶商が厳選した高級新茶5種を会席料理とペアリングする夕食。茶葉をブレンドする合組体験もあり、自分好みの茶をつくり、持ち帰ることができる。

は、日本茶インストラクターの資格を持つスタッフの竹野晋平さん。緑茶に含まれる渋み成分のカテキンには免疫機能改善や生活習慣病予防などが期待できるそうです。旨みのテアニンにはリラックス効果もあります。

静岡名産の茶に親しみ、生産者から直接、製造過程を学び、食や温泉など煎茶づくしのもてなしに癒やされる滞在。スタッフの「お茶は体にいいからという以上に、おいしいからぜひ飲んでほしい」という言葉に共感。日本茶再発見、その奥深さにはまるきっかけの旅になることでしょう。

界 遠州

静岡県浜松市中央区舘山寺町399-1［客室数］33（洋2、和洋31〈露天風呂付き3室〉）［泉質］ナトリウム・カルシウム—塩化物強塩泉（弱アルカリ性高張性低温泉）／pH7.8／泉質別適応症は神経痛、筋肉痛、切り傷など［環境］標高2.09m／夏平均気温24.9℃、冬平均気温6.9℃、冬の積雪量0㎝［交通］〈電車〉東海道新幹線浜松駅からタクシー約45分〈車〉東名高速道路浜松西ICから約15分

界《かい》 鬼怒川《きぬがわ》

栃木県／鬼怒川温泉

手業のひととき

「200年の歴史を継ぐ、黒羽藍染の若手職人による工房ツアー」

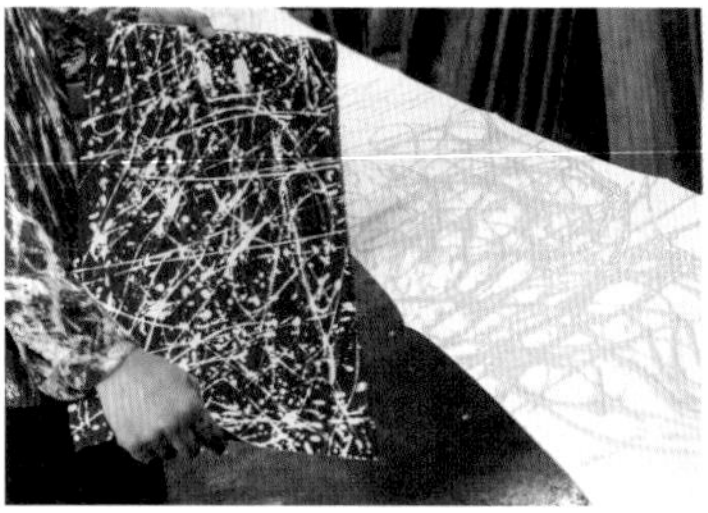

上／藍染のデザインとなる「型染め」は、下絵のデザインおこしから始まる。「手業のひととき」では、職人の小刀を使って型紙を彫る体験ができる。下／体験では型紙作りのほか、小沼さんの創作染め「フリ」の技法を教わり、手ぬぐいを作る。

隠れ家の風情が漂う高台の湯宿

鬼怒川温泉街から車で5分ほど。界 鬼怒川は鬼怒川に面した小高い丘の上に立ち、麓にある大谷石《おおやいし》造りの重厚なエントランスから専用のスロープカーで向かいます。温泉街を見下ろし、山々を仰ぎ見て、ワクワクしながら到着です。

静けさに包まれ隠れ家の趣。建物は緑豊かな中庭を囲むようにして、ロビー棟、客室棟、食事処、浴室棟があり、回廊で結ばれています。客室は48室あり、全室が「界」の特徴である地域の伝統工芸を設えた「ご当地部屋・とちぎ民藝の間」です。黒羽藍《くろばねあい》染《ぞめ》や益子焼、鹿沼組子《かぬまくみこ》などが空間を上品に彩ります。

中でも黒羽藍染は、客室のベッドライナーやクッション、障子布のほか、敷地のファサードの暖簾《のれん》や回廊の灯籠など随所で出合えます。湯上がり処の壁には、伝統柄を施した黒羽藍染のうちわが飾られてギャラリーのようです。藍の深い紺地に白く浮き出る柄のバリエーションには心が躍ります。

左上／エントランスには黒羽藍染の一枚布がかかる。右上／全室がご当地部屋「とちぎ民藝の間」。黒羽藍染のベッドライナーが映える。左下／回廊を照らす灯籠は、益子焼と黒羽藍染をあわせた界 鬼怒川のオリジナル。右下／湯上がり処には伝統柄を施したうちわが壁に並ぶ。

上／地中に埋めた藍甕は200年継承されたもの。藍甕に生地を浸し染色する。まずは4分ほど浸けて色を見て、染める時間や回数で色合いを調整。下／工房内のギャラリーで販売している藍染巾着。小物入れやバックインバックとして重宝する。

「手業《てわざ》のひととき」は、黒羽藍染の体験です。「200年の歴史を継ぐ、黒羽藍染の若手職人による工房ツアー」と題し、宿泊翌日に普段は非公開の工房を訪ねて、職人から直接、歴史を学び、その手業を見学して体験するツアーになっています。

チェックアウト後、開催地の栃木県大田原市黒羽へ向かいます。黒羽は松尾芭蕉が『おくのほそ道』の道中で長く滞在した風情ある町。目指す黒羽藍染紺屋は、白壁に瓦屋根が映える建物。1804年の創業です。「手業のひととき」は、八代目当主の小《お》沼雄大《ぬまゆうた》さんの座学からスタート。

「黒羽は江戸時代、那珂川《なかがわ》の舟運で栄えた地域。藍染は当時、八溝《やみぞ》山系の杉などを扱う材木問屋の作業着に重宝されました」と説明がありました。藍は染料として使うと生地が丈夫になり、また防臭や抗菌、防虫、怪我の止血《しけつ》など、薬草の効能があります。

200年にわたり引き継がれた藍甕

座学の次は、作業場で型染めの「型紙彫り・のり

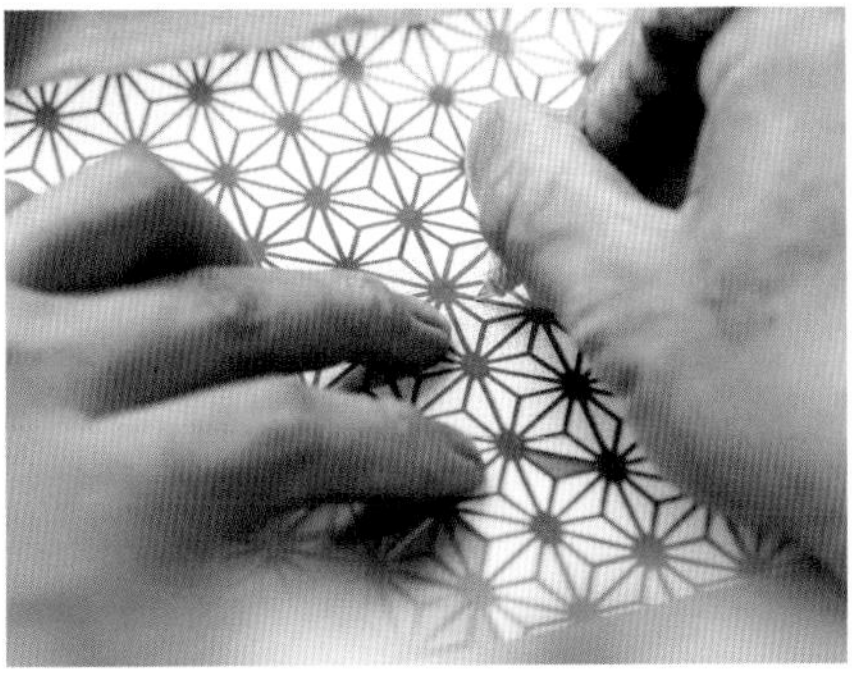

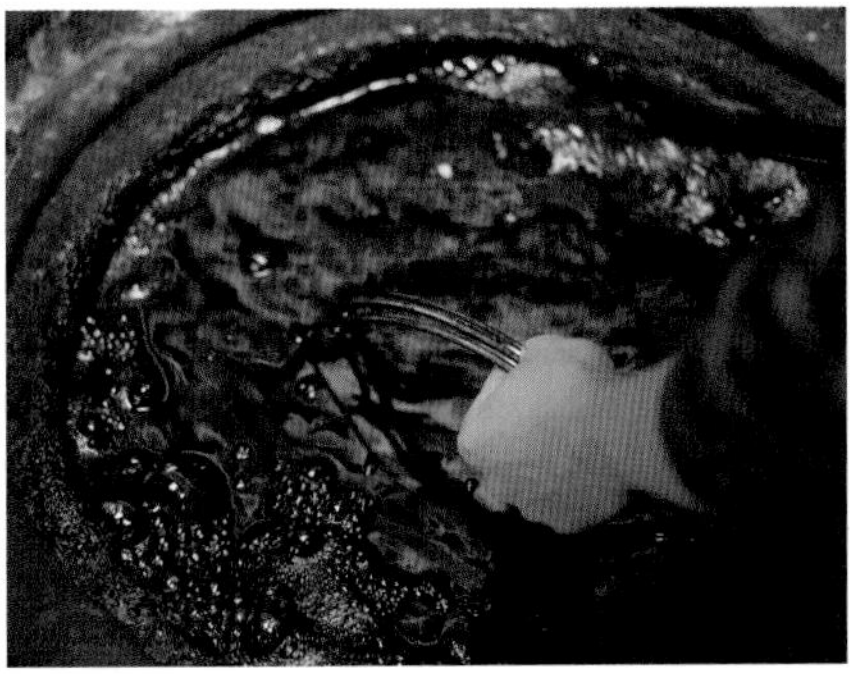

上から／黒羽に５軒あった紺屋も今は黒羽藍染紺屋のみ。手業のひとときでは唯一の継承者である小沼さんによる座学を開催。黒羽藍染は背や襟などに家号や氏名を染め抜いた印半纏がルーツ。型紙彫り、のり置き体験後、生地に伸子(しんし)を張り、藍甕の染液で染色する工程を見学。

置き」の工程を体験します。まずは型紙の模様を選び、その図案を柿渋が染み込んだ渋紙に当てて小刀で彫る繊細な作業です。型紙を彫ったら、生地に柄を写す「のり置き」体験。糠《ぬか》と餅粉を使ったのりを、専用のヘラを用いて先ほどの型紙に塗ります。柄の出方を左右する工程で集中力が高まります。

のり置き体験の後は、染色を行う藍染甕場の見学です。甕場には地中に埋めた藍甕《あいがめ》が並び、これは200年継承された貴重なもの。藍甕には染料となる藍の染液が入っています。

色合いを左右するのが、染液を作る「藍建て」という作業。染液は蓼藍《たであい》の葉を発酵させた徳島産の蒅《すくも》に、石灰や日本酒などを加え発酵させたものです。毎日、櫂《かい》入れという藍染の攪拌《かくはん》作業が行われ、自然発酵の力を借りて染液を作ります。発酵して泡が盛り上がってきたら染めることができ、この状態を「藍の華が咲く」と職人は呼ぶそうです。

藍甕に浸けた布は、空気に触れることで初めて藍色へと発色し、生地を藍に浸けては引き上げる作業を繰り返して濃淡を調整します。浸ける回数と時間で、好みの濃淡に仕上がっていくのです。

このほか小沼さんのオリジナルの染め方である「フリ」も教わります。これは型染めで使うのりを液状にして筆や刷毛《はけ》で自由に描く作風で、プランではフリ体験で手ぬぐいを作ることができます。制作したものは、小沼さんが染め仕上げをした後、自宅に郵送されます。

「黒羽藍染」は色の濃い紺地に、白抜きの字や柄がよく映え、端麗な美しさが魅力。すり潰した大豆のしぼり汁（豆汁《ごじる》）に松煙墨《しょうえんずみ》を加えて下染めをすることでコクのある藍色が生まれ、製品がパリッとしっかりしています。使いこむほどに、やわらかく手に馴染みます。一緒に過ごした時間とともに風合い

受け継いだ思いを丁寧に伝えたい

工房にある約6000枚の型紙は、先代から継承したものや譲り受けたもの、私のオリジナルなどです。型それぞれに意味があり、流水は「流れが続けば清らかになる」、梅は「寒い時期に花を咲かせる強さ」など、型には作り手や贈り手の願いが込められています。

黒羽藍染紺屋・小沼雄大さん

栃木県大田原市出身。江戸川区指定無形文化財・長板中形（型付けに長板を使う藍染の技法）の技術保持者、松原與七氏に師事。黒羽藍染紺屋の八代目。現在では黒羽藍染技術と藍染の甕を引き継ぐただ一人の職人である。

［手業のひととき］宿泊翌日の13時〜15時開催（実施日は施設サイトに掲載、事前WEB予約）、1日1〜6人定員、1人1万1000円（宿泊費別）

上／クッションやベッドライナー、黒羽藍染の布を障子紙に組み込む障子布など、黒羽藍染に触れられる界 鬼怒川の客室。左下／ツアー参加者にプレゼントされる巾着。右下／界の売店でも藍染製品を販売。益子焼も充実。

立ち寄りスポット

黒羽藍染紺屋

工房内にあるギャラリー兼ショップ。名刺入れ、コースター、バッグやTシャツをはじめ、多彩な藍染製品がそろう。10時～17時。水・木曜休。JR那須塩原駅からタクシー約20分。☎0287-54-0865

が増すのが魅力です。

「手業のひととき」の立ち上げに関わった界のスタッフである内ヶ﨑光紗《みさ》さんは、当時をこう振り返ります。

「スタートする2年ほど前に、社内の麓村塾《ろくそんじゅく》という自主研修制度を利用して非公開の黒羽藍染紺屋を見学しました。作業場の雰囲気や職人の仕事ぶりは驚きの連続で、見学前とは違ったモノの見方が得られました。この感動をお客様と共有したいと思い、紺屋さんのご協力でプランが実現しました」

旅館スタッフと地域の職人とが作り上げた手仕事の体験は、特別な思い出になるはずです。

民藝は「用の美」、使ってこその美しさ

界 鬼怒川では黒羽藍染の設えや益子焼の茶器などに触れながら伝統工芸に親しむことができます。

夕食は季節の会席料理です。中庭を眺めるカウンターか、半個室の食事処で、益子焼の器などに盛り付けられた食事やお酒が堪能できます。

界　鬼怒川

栃木の民藝に触れる名湯の宿
黒羽藍染や益子焼を体感する

竹細工の籠で提供される夕食の先付けは、牛肉と栃木名産のらっきょうのタルタル。宝楽盛りと呼ばれる八寸やお造りなどの料理は、益子焼の器で登場します。揚げ物、蓋物、土鍋ごはんと続き、甘味は、ゆずのジュレをまとった豆乳羹。ご当地の味覚をご当地の器で味わう贅沢な旅時間です。

大浴場と露天風呂は、山の緑に浴するような開放感がありリラックスできます。泉質はアルカリ性単純温泉。優しい肌触りでストレスなく長湯でき、心身がほぐれます。鬼怒川温泉は江戸時代、日光詣での僧侶と大名のみが入浴を許されたという由緒ある温泉です。客室のうち20室には温泉の露天風呂が備

お花見風呂

上／春の露天風呂は桜を愛でる花見風呂になる。下／美肌の湯が独り占めできる客室の露天風呂。冬は雪見が楽しめる日もある。四季の表情に癒やされる温泉休暇。

特別会席のメイン「桜牡丹鍋」。猪肉（牡丹鍋）は山椒鍋だしで、桜鱒はアマゴの焼き干しだしで味わう。

わり、独り占めにできる贅沢が待っています。
ラウンジの豆皿ギャラリーでは、益子焼など約300枚の豆皿を試すことができます。また夕食後に開催されるご当地楽「益子焼ナイト」では、益子焼を学ぶスタッフが「益子焼マイスター」となり、器の歴史や制作工程、愛で方や使い方などを紹介します。

普段使いの工芸品を民藝（民衆的工芸品）と言いますが、界 鬼怒川は栃木の民藝が楽しめる温泉旅館です。売店にも器が満載。旅先で買い求めた器が、暮らしの食卓を豊かにしてくれることでしょう。

界 鬼怒川

栃木県日光市鬼怒川温泉滝308 ［客室数］48室（和室48〈露天風呂付き20〉）［泉質］アルカリ性単純温泉／pH9.0／泉質別適応症は自律神経不安症、不眠症、うつ状態など ［環境］標高388m／夏平均気温20℃、冬平均気温1℃、冬の積雪量30㎝ ［交通］〈電車〉東武鉄道鬼怒川線鬼怒川温泉駅からタクシー約5分 〈車〉東北自動車道宇都宮ICから日光宇都宮道路（今市IC）、国道121号経由約50分

左／益子焼など約300枚の豆皿がある豆皿ギャラリー。下／ご当地楽「益子焼ナイト」では、豆皿ギャラリーから好きな器を3つ選び、じっくり鑑賞できる。

エントランスから宿専用のガラス張りのスロープカーに乗って、森の斜面を上っていく。

界 玉造

かい たまつくり

島根県／玉造温泉

手業のひととき

「蔵元から教わる美味しい日本酒の飲み方」

上／手業のひとときは、宿のスタッフの地酒への思いから生まれたプラン。老舗蔵・酒持田本店の持田祐輔さんを招いて、日本酒の楽しみ方を紹介。下／個性あふれる地酒のさまざまな味わい方を、座学と飲み比べなどで体験する。

出雲らしさ体感の「ご当地部屋」

界 玉造は、出雲縁結び空港から車で約30分。宍《しん》道《じ》湖へ流れる玉湯《たまゆ》川沿いに玉造温泉は位置し、宿は温泉街の中ほどで落ち着いた佇まいを見せます。「いにしえの湯と出雲文化を遊ぶ宿」をコンセプトに、宿名も新たに2022年リニューアル。全24室が和モダンの客室で、出雲らしさが体感できるご当地部屋「玉湯の間」になりました。

襖や壁には古代からこの地で採掘された「出雲めのう」をデザインに施すほか、出雲格子のあしらい、天野紺屋による藍染のアートワーク、出雲鍛造による鉄の工芸品を取り入れて意匠を凝らします。

館内には、島根県内の地酒に親しめる「日本酒BAR」があります。誕生のきっかけは、スタッフの鈴木奈美さんが「島根県にはおいしい地酒がたくさんあるのに知られていないのはもったいない！〝繋ぐ〟場所を作りたい」と2016年にアイデアを出したことだそうです。

左上／藍染やめのう細工など、出雲の伝統工芸で設えたご当地部屋「玉湯の間」。右上／酒蔵の麹室をイメージしたリビング。日本酒樽をモチーフにしたテーブルがある。左下／すべての客室に信楽焼または檜の露天風呂が備わる。右下／島根県の地酒がそろい、飲み比べが楽しめる日本酒BARは宿の名物。

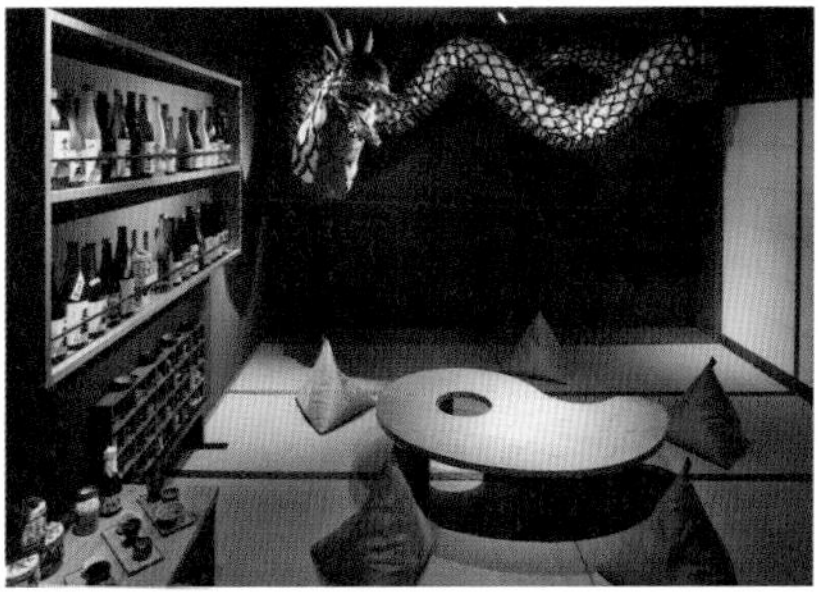

右上／出雲は佐香錦など酒米の産地。名水にも恵まれ、出雲杜氏が銘酒を生み出す。右中／精米歩合の違いで味わいに濃淡が生まれる。右下／純米酒や大吟醸、熟成酒など飲み比べ。左／酒燗器（ちろり）で温度による味わいの変化を学ぶ。

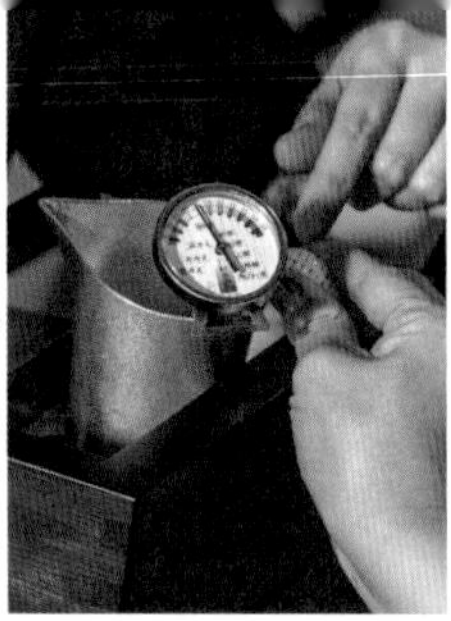

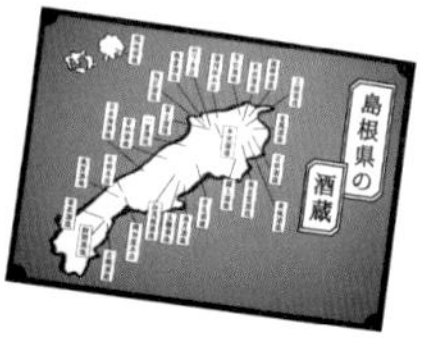

酒造大祖・佐香神社は宿から車で40分。佐香は酒の語源といわれる。

立ち寄りスポット

酒持田本店

創業1877年。店舗兼母屋や検査場など5棟が国の登録有形文化財。「ヤマサン正宗」など約30種を製造。蔵を改装した宿も話題。雲州平田駅から徒歩15分。☎0853-62-2023

日本酒ＢＡＲは県内30酒蔵から40種以上の地酒が集められ、飲み比べが楽しめる人気のスポット。『古事記』に登場する「八塩折《やしおり》之酒」、出雲大社献上酒「八千矛《やちほこ》」をはじめ、地酒を愛するスタッフがオススメを教えてくれます。

　飲み比べから一歩踏み込んだ体験が、手業のひととき「蔵元から教わる美味しい日本酒の飲み方」です。蔵元を旅館に招いて、日本酒の楽しみ方を宿泊客に直接伝えます。

「日本酒発祥地」お膝元の酒蔵

「島根県が日本酒発祥の地」であることに注目して、第一弾は酒の神様を祀る出雲市・佐香《さか》神社（松尾神社）のお膝元で創業１４０年余を重ねる「酒持《さけもち》田《だ》本店」に依頼。五代目で蔵元の持田祐輔さんから約90分、出雲杜氏の歴史や製造工程、日本酒の選び方や味わい方などを教わります。

　日本酒ＢＡＲに、精米歩合の違う酒米、純米酒や純米大吟醸といった種類の異なる地酒、温度差で味

［手業のひととき］宿泊初日の16時～17時30分開催(実施日は施設サイトに掲載、事前WEB予約)、1日4人(1人から実施)、1人5000円(宿泊費別)

喜びにも悲しみにも
酒は寄り添うもの

733年編さんの歴史書『出雲国風土記』に「(出雲の佐香神社で)たくさんの神々が集められて、180日酒宴をした」と記されています。人はなぜ酒を飲みたくなるのかと聞かれたら、「酒には喜びの感情は膨らませ、悲しい気持ちは鎮める力があるからでは」と答えます。

酒持田本店 持田祐輔さん

酒の神様を祀る佐香神社のお膝元に位置する、1877年創業の酒蔵「酒持田本店」の五代目蔵元。原料米など地元の材料を使った酒づくりにこだわり、140年続く出雲杜氏としての技を継承。左は女性蔵人として活躍する妹の持田奈生子さん。

比べする酒燗器《さけかんき》などが用意されます。持田さんはこれらを使って、分かりやすく解説。飲み比べも行って、味わいの違いなどを参加者各自で記録しながら、日本酒の個性を五感で学んでいきます。

例えば「基本のき」である原料の話。米の精米歩合の低いもの（削りが少ない）は味わいが濃厚で、高いもの（削りが多い）は味わいが淡麗になること。冷酒から熱燗まで酒の個性を活かす温度帯があり、香りや飲み口、味わいが変化することなど。

製造工程の説明で持田さんは、「酒づくりは農業」と言い、「生産者と地域との連携でおいしい酒が生まれる」と話します。酒持田本店では県産酒米を自家精米し、出雲杜氏によって「ヤマサン正宗」など約30種を製造しています。

出雲は佐香錦ほか酒米の産地であり、中国山地から流れるミネラル豊富な水は中硬水で仕込み水に適し、伝統の出雲杜氏が銘酒を生み出しています。土地の恵みを丁寧に育み活かす職人の手により、日本酒の個性は生まれ、味わいが増すのだと感じます。

界 玉造

日本最古の美肌の湯を楽しみ 地酒とタグ付き蟹のご褒美を

山陰特産の松葉ガニづくしの極み会席「タグ付き活松葉蟹づくし会席」。一人当たり1.5杯の松葉蟹を使用。上／メインは奉書で包んだ松葉蟹を杉板とともに蒸し上げる「活蟹の杉板奉書蒸し」。左／蟹と寒ブリの刺し身。右／捌いた蒸し蟹。右下／蟹とシジミの鍋。

「化粧水レベル」の〝神の湯〟を堪能

玉造《たまつくり》温泉は『出雲国風土記』に〝神の湯〟と称される歴史ある温泉地です。「一たび濯《すす》げば形容端正《かたちきらきら》しく（一度入ると美しくなる）」とも記される温泉を全客室にある露天風呂で楽しめます。

泉質はナトリウム・カルシウム―硫酸塩・塩化物泉。製薬会社の調査で「化粧水レベル」と評価された美肌の湯で、しっとりとなめらかな肌心地です。客室風呂には入浴専用の日本酒があり、大浴場には源泉や日本酒を浸して使うフェイスパックが用意されていて、肌に磨きがかかることでしょう。

「玉造」という温泉名は、勾玉《まがたま》作りが古くから行われていたことに由来します。温泉地東部にある花《か》仙山《せんざん》で産出された良質の赤めのう、青めのうを使って勾玉が作られていました。売店や温泉街の土産物店には、めのうのアクセサリーやお守りが並びます。赤めのうは良縁や家庭円満などを、青めのうは長寿や富、健康などにご利益があるそうです。

ショップ
人気の商品

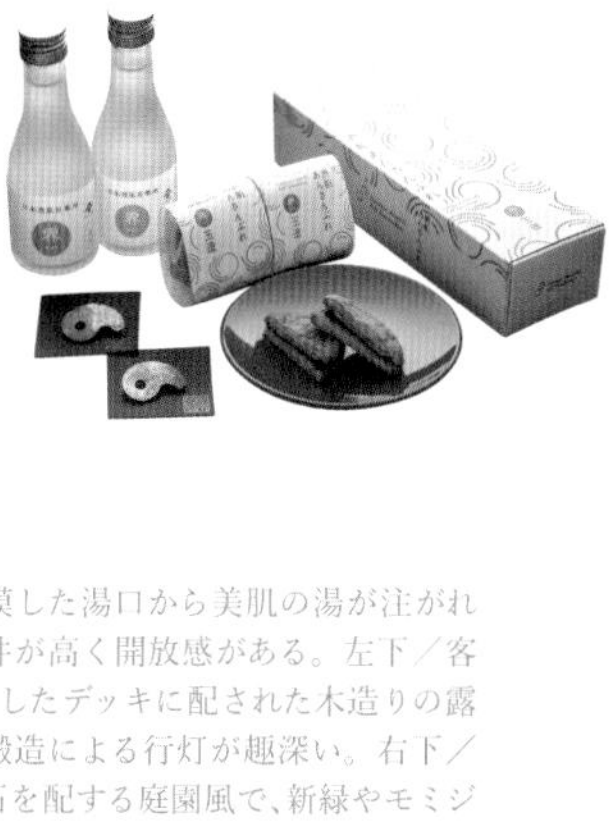

左上／お社を模した湯口から美肌の湯が注がれる大浴場。天井が高く開放感がある。左下／客室のゆったりとしたデッキに配された木造りの露天風呂。出雲鍛造による行灯が趣深い。右下／露天風呂は巨石を配する庭園風で、新緑やモミジなど四季の風景に癒やされる。

美味と美酒、神話の世界を堪能

夕食は宍道湖《しんじこ》名産のシジミを使った「しじみ牛しゃぶ」をメインとする季節の会席料理。「白身のトロ」と評される「のどぐろ」も登場します。

蟹漁が解禁となる11月からは、特別会席「タグ付き活松葉蟹づくし会席」が楽しみです。メインは松葉蟹と杉板を奉書で包んで蒸し上げる「活蟹の杉板奉書蒸し」。蟹の豊潤な旨みを引き出した逸品です。

地酒と料理のマリアージュもぜひ。界 玉造のスタッフは鈴木さんを筆頭に、全員が島根県の日本酒伝道師である「しまね地酒マイスター」資格保持者とのこと。美酒をオススメしてくれます。

毎夜開催するご当地楽《がく》は、伝統芸能「石見神楽《いわみかぐら》」。日本酒発祥の地にちなんだ演目「大蛇《オロチ》」で、神話の国である出雲の歴史文化を紹介します。

滞在中は茶の湯体験や和菓子作り体験もできます。松江は京都、金沢と並ぶ日本三大菓子処のひとつで、現在も茶の文化が盛んな地域です。

好みの器で
好みの味を

左／飲みながら、浸かりながら。美肌作用など日本酒効果を直接得られる入浴専用の酒は酒持田本店製。下／ご当地部屋は和モダンの和室が3タイプ。

上／島根県内30酒蔵の酒を様々なテーマでおすすめする。下／「日本酒3種飲み比べセット」は、県内を代表する窯元の酒器から3種を好みで選べる。ドライフルーツや干物などのおつまみが付く。

迫力満点の
石見神楽

ご当地楽として石見神楽を上演。演目は「大蛇（オロチ）」。素戔嗚尊が大蛇に「八塩折之酒」を飲ませ退治する様を迫力満点に披露。

右／庭園に併設の茶室では、三斎流の茶道師範がお点前を披露する。下／勾玉モチーフの上生菓子は上品な甘みで抹茶に合う。

出雲はパワースポットめぐりでも人気のエリア。温泉街にある玉作湯《たまつくりゆ》神社や車で20分ほどの八重垣神社など、多くの旅行者が縁結びスポットを訪ねます。酒の神様である佐香神社へは宿から車で約40分。参拝後は酒持田本店がある木綿街道という歴史ある町並みを散策するのも素敵です。酒蔵見学や民藝ショップでの買い物など、バラエティーに富んだ旅が楽しめます。

さまざまなご縁にめぐりあう出雲の旅。「島根県のおいしいお酒が、人と人のご縁を繋いでくれました」と話していたスタッフの言葉を思い出します。

界 玉造

島根県松江市玉湯町玉造1237［客室数］24（和室24、全室露天風呂付き）［泉質］ナトリウム・カルシウム―硫酸塩・塩化物泉（弱アルカリ性低張性高温泉）／pH8.5／泉質別適応症は冷え性、末梢循環障害、胃腸機能の低下ほか［環境］標高23.4m／夏平均気温21℃、冬平均気温5℃、冬の積雪量0～5㎝［交通］〈電車〉山陰本線玉造温泉駅からタクシー約5分〈車〉山陰自動車道松江玉造ICから国道9号経由約15分

界 箱根

かい はこね

神奈川県／箱根湯本温泉

手業のひとときき

「箱根寄木細工職人の工房を訪ねるツアー」

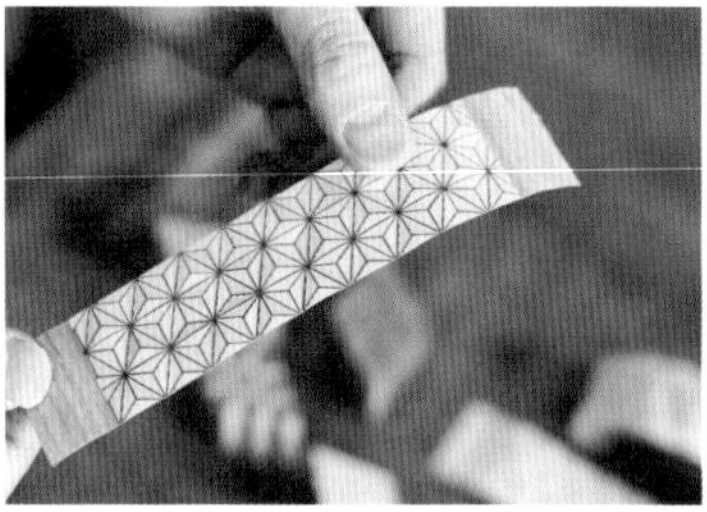

上／工房の一般見学は初の試み。材料庫に隣接する作業所で、種木（たねぎ）を組み合わせてできた模様を、カンナで厚さ0.2㎜ほどに削り出す「ずく引き」を体験。下／できた「ずく」の模様は手で描いたように繊細。持ち帰ることができる。

上から／渓谷の自然に浴する露天風呂付き客室。清流リビング付き客室では寄木細工を手にとって楽しめる寄木ギャラリーがある。料理は季節の会席料理。寄木細工の器は界 箱根オリジナル。全国の界に先駆けて誕生した「ご当地部屋・箱根寄木の間 せせらぎ縁台付き和室」。

箱根寄木細工づくしの温泉旅館

界 箱根は、箱根湯本駅から3㎞ほどの奥湯本温泉に位置しています。箱根旧街道から少し入ったところ、須雲川《すくもがわ》沿いに宿はあり、全32室がリバービューです。湯坂山が間近に迫っていて、季節の彩りに包まれます。

大浴場は須雲川に面していて、壁一面が開放され半露天風呂の趣です。新緑、紅葉、雪景色など、色彩豊かな四季の風景が眺められます。

伝統工芸の「箱根寄木《よせぎ》細工」を宿づくりのテーマにし、ロビーや客室をはじめ、ぬくもりのある寄木細工が飾られています。寄木とはその字の通り、バラした木を再び寄せて組み合わせたものです。

箱根・小田原地方では平安時代から、箱根山から切り出した木地で椀や盆などを細工する木地挽《きじびき》の歴史があるそうです。その技術で漆器、指物《さしもの》、寄木、象嵌《ぞうがん》、秘密箱（からくり箱）、玩具など多くの木製品が作られました。箱根寄木細工は江戸時代末期、箱根町畑宿《はたじゅく》に住む石川仁兵衛により創作されたというのが定説で、温泉地・箱根で土産として有名になったという背景があります。

「手業のひととき」だけの工房見学

「箱根寄木細工職人の工房を訪ねるツアー」という、手業《てわざ》のひととき限定の体験を行っています。

担当は、箱根寄木細工の老舗「露木木工所」の四代目・露木清高さんです。露木さんは界 箱根が2012年に開業した時から、父であり三代目の露木清勝さんとともにご当地部屋「箱根寄木の間」をプロデュースするなど、界とタッグを組む工芸作家。

宿泊翌日のチェックアウト後、車で約60分の露木木工所へ。手業のひとときではまず、材料庫を見学

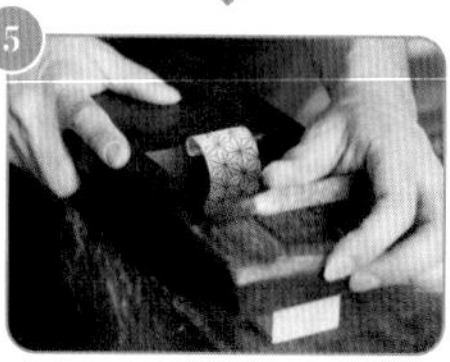

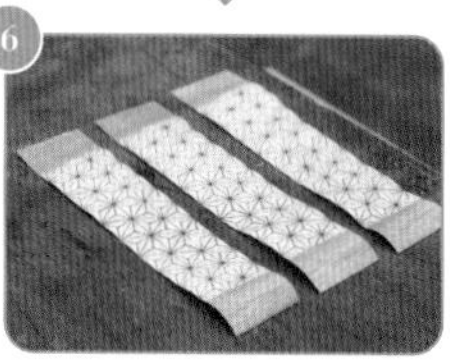

箱根寄木細工の制作工程

❶「手業のひととき」では材料庫の見学から。❷原木が並び、種類の豊富さと個性的な木肌の色に驚く。❸木の色を活かして模様を寄せて、種木を作る。❹木肌の色の違いを活かして種木を組み合わせる。❺❻かんなで種木を引く「ずく引き」体験。

立ち寄りスポット

寄木ギャラリーツユキ

作品が購入できるショップ。「匠の技とともに暮らす豊かな生活をご提案します」とのこと。9時～17時。日曜・祝日・第2土曜休。JR早川駅から徒歩5分。☎0465-22-5995

チャレンジする方が断然楽しい！

伝統を大切にしながら、新しいことにもどんどん挑戦していきます。『生活文化を創造する』が当社の理念で、父はよく『変わらぬ存在であるために、変わらねばならない』と言います。だから界の『王道なのに、あたらしい。』のコンセプトに共感です！

露木木工所・露木清高さん

神奈川県小田原市出身。露木木工所の四代目であり、箱根寄木細工技能士。初代は箱根寄木細工の創始者、石川仁兵衛の孫、仁三郎に師事。伝統の技術・技法を守りながら、今の生活に溶け込む新しい寄木細工を作る。

［手業のひととき］宿泊翌日の11時～12時開催（実施日は施設サイトに掲載、事前WEB予約）、1日1組（1～4人）、1人7000円（宿泊費別）

します。切り出された原木の種類の豊富さと個性的な木肌の色に驚きます。例えばミズキの白、ニガキの黄、クスノキの薄茶、ホオノキの緑、カツラの黒など。カツラの古木は「神代桂《じんだいかつら》」と呼ばれ、数千年前に火山の噴火などで地中に埋められたものです。

露木さんは「箱根は全国でも木の種類が豊富。樹木の織りなす美しさを見せるのが箱根の寄木細工」と話します。その思いから「無垢《むく》もの」と呼ばれる作品を多く手がけています。これはさまざまな種類の樹木を組み合わせた種木《たねぎ》を、ロクロで削り出し成形したもの。木肌の色をダイレクトに楽しめる皿や酒器など普段使いの器が魅力です。

材料庫見学の次は隣接する作業所へ。木材を成形加工する機械からは大きな音が響き、おがくずが舞い、木の香が漂います。この場所で参加者は「ずく引き」体験をします。ずく引きとは種木を組み合わせてできた模様を、カンナで厚さ0・2㎜ほどに削る工程。力加減で厚さが変わってしまう難しさを感じつつ、できた「ずく」の繊細な模様に感動します。

界　箱根

四季に染まる奥湯本の隠れ宿
渓谷美と寄木づくしの別天地

大浴場は須雲川に面していて、壁一面が開放され半露天風呂の趣。新緑、紅葉、雪景色など、色彩豊かな四季の風景に心癒やされるひととき。紅葉の見頃は例年11月下旬～12月中旬。泉質は、ナトリウム―塩化物泉。保温と保湿に優れる美肌の湯。

左上／ロビーラウンジには伝統やモダンを感じるさまざまな寄木細工が並ぶ。右上／縁台がある客室では四季の彩りを愛でながら一献も。下／「箱根寄木の間 清流リビング付き客室」。ベッドルームに併設して琉球畳のリビングがある。寄木細工のオセロ、ぐい呑みなど滞在中は自由に使える。

寄木細工を見て、触れて、楽しむ

界 箱根がある奥湯本は箱根湯本の賑やかさとは対照的に、静寂に包まれる桃源郷のような温泉地です。

須雲川の谷あいに近代的な石造りの宿が立ち、扉の向こうには四季の彩りを映すガラス張りのロビーが広がります。ソファがゆったりと配され、美しい寄木細工の数々が飾られて、まるで美術館です。ロビーにはトラベルライブラリーも備わり、もうひとつの客室感覚でくつろげます。

全室から川を望み湯坂山と対面する眺めのいい宿です。客室は寄木細工に親しめる演出が満載。寄木で市松模様をあしらったルームキーホルダーにはじまり、床の間の掛け軸やヘッドボード、カップ＆ソーサー、酒器、抹茶椀やぐい呑みなど。寄木細工の作品が自由に使えて会話も弾みます。

箱根寄木細工を手がける露木さんは、「滞在中はぜひ、寄木細工を見るだけでなく、使って、体験し

ご当地朝食。地元名物の練り物を使ったせいろ蒸しが登場。

上／特別会席のメインは「明治の牛鍋」。すきやきの原型をイメージした牛鍋で、ぶつ切りの牛肉を味噌ダレで食した当時の料理法を参考にアレンジ。左下／瀬戸酒造の地酒3銘柄を、露木木工所とコラボで制作した酒器とあわせて客室提供。右下／夕食はカウンターか半個室の食事処で。

て、楽しんでください」とアドバイスします。

スタッフの〝寄木愛〟を感じる滞在

食事中も、箸置き、器、牛鍋や土鍋ごはんの台座に至るまで寄木細工。どれもスタッフの要望から生まれ、作家に制作依頼したオリジナル。普段使いできる伝統工芸品が、滞在を楽しいものにします。

夕食はカウンターもしくは半個室の食事処でゆっくり味わえます。特別会席のメイン「明治の牛鍋」は、すきやきの原型をイメージした牛鍋。これは箱根で明治初期から西洋料理が親しまれたことにちなみ誕生したものです。ほかに季節の野菜や近海の魚などを使う創作料理が登場し、地酒などをあわせながら堪能できます。

食後はロビーで地域紹介のご当地楽《がく》「寄木CHAYA」の体験が楽しみです。寄木細工の歴史や制作工程などを、スタッフが紙芝居を使いながら軽妙な語り口で紹介します。

「お客様に寄木細工を紹介する時間が最高に楽し

寄木で作る
コースター

左／街道をイメージして、わらじを履いて行う現代湯治体操。左下／毎夜開催のご当地楽「寄木CHAYA」。寄木細工の歴史を、スタッフが紙芝居を使いながら紹介。右下／「寄木コースターキット」で客室でもクラフト体験を。

い」と話すのは、スタッフの安達久美子さん。手業のひとときを企画した中心メンバーです。

露木木工所の一般見学は初めての取り組みとのこと。安達さんは「寄木細工が生まれる現場の空気を、お客様にぜひ五感で体感していただきたかった。露木さんにご協力いただき、工房見学と体験プランが誕生しました」と話します。

箱根の渓谷美と寄木づくしを堪能する温泉旅館。スタッフの〝寄木愛〟にも刺激を受けながら、滞在するほどに寄木細工や箱根の自然に親しみがわくことでしょう。

界 箱根

神奈川県足柄下郡箱根町湯本茶屋230［客室数］32（和室24、洋室2〈露天風呂付き〉、和洋室6）［泉質］ナトリウム―塩化物泉（アルカリ性低張性高温泉）／pH8.5／泉質別適応症は切り傷、やけど、慢性皮膚病ほか［環境］標高272m／夏平均気温29℃、冬平均気温10℃、冬の積雪量0㎝［交通］〈電車〉箱根登山鉄道箱根湯本駅からタクシー約7分。〈車〉東名高速道路厚木ICから小田原厚木道路、箱根新道（須雲川IC）経由約50分

界 加賀

かい かが

石川県／山代温泉

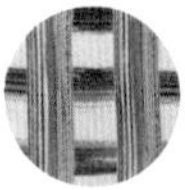

手業のひととき

「山中塗の木地師があつらえた無垢の酒器で日本酒を味わう」

山中地区はロクロで削り出す器「挽物木地」が全国一の生産量を誇る。そのことに注目して、界 加賀のカロリーヌ・バヨデスティボさんは、山中塗の木地工房見学を考えた。夕食時、漆を塗る前段階の無垢の器で地酒を楽しむ体験も。

上から／美しいフロントホール。水引の「あわじ結び」で北陸の雪をイメージした作品が、吹き抜けの天井から飾られる。全48室の客室は加賀友禅や水引、九谷焼が彩るご当地部屋「加賀伝統工芸の間」。紅殻の伝統建築と、植彌（うえや）加藤造園による前庭が調和する。

伝統建築を受け継ぐ温泉旅館

山代《やましろ》温泉は金沢から車で約60分の加賀温泉郷にあります。開湯1300年を誇り、加賀藩主・前田家の殿様も通ったという名湯です。そんな歴史ある温泉街は「湯《ゆ》の曲輪《がわ》」と呼ばれ、古総湯《こそうゆ》のある広場を囲んで宿が並んでいます。界 加賀は、その古総湯の目の前に位置しています。伝統的な建物を継承したエントランス棟は、紅殻格子《べんがらごうし》やうだつが映える町家建築で国の登録有形文化財です。

フロントの吹き抜け天井は、太い大黒柱と丸太の梁《はり》を組み合わせた伝統技法「枠《わく》の内《うち》」。天井から北陸の雪を模した水引のアートが飾られ、繊細な美しさに心がときめきます。

木地工房で自分好みの酒器を

「手業《てわざ》のひととき」は、「山中塗の木地師《きじし》があつらえた無垢《むく》の酒器で日本酒を味わう」です。山中漆器の木地工房を訪問して、職人の手業を見学しながら酒器の制作依頼ができます。

宿泊初日のチェックイン前、山代温泉からは車で30分にある山中地区の「工房なかじま」に集合します。挽物《ひきもの》作家の中嶋武仁《なかじまたけひと》さん親子2代と若手が制作活動を行う工房です。

まずは漆器制作会社代表でプロデューサーの西本浩一さんから、山中塗について教わります。山中漆器はおよそ４００年前、越前からの木地師集団が山中へ挽物の技術をもたらしたのが始まり。現在では石川県の三大漆器工芸として、「塗りの輪島」「蒔絵《まきえ》の金沢」に並び、「木地の山中」といわれます。

山中漆器の代表的な特徴として、素材の「縦木取《たてぎど》り」があるとのこと。これは木の輪切り面に対して縦に材料をとる切り方。木が育つ方向に逆らわず加

［手業のひととき］宿泊初日の11時～12時30分、13時～14時30分、15時～16時30分のいずれかで開催（実施日は施設サイトに掲載、事前WEB予約）、１日２組（１組1～４人）、１人1万2000円（宿泊費別）

競い合うことで魅力が高められる

漆器産地は全国にありますが、山中塗の魅力は“地域の総合力”と考えます。漆器では各工程の職人がそろいますし、加賀市には九谷焼、樹脂工業（プラスチック）もあります。互いが競い合い影響し合い、切磋琢磨するモノづくりの環境があり、今に継承されています。

株式会社 西本・西本浩一さん

石川県加賀市生まれ。1990年から漆器制作に携わり、創作美術漆器・株式会社西本を立ち上げる。界 加賀の客室のアートパネルや器をはじめ、作り手と使い手をつなぐ活動をライフワークとする。写真右は挽物作家の中嶋武仁さん。

工できるため歪みが出にくくなり、椀、薄挽き、茶道具の棗《なつめ》といった蓋物を得意とします。

　工房には木地師によって大まかに仕上がり予定の形に削られる「荒挽き」の器が積み重ねられています。ケヤキを中心に、ミズメザクラ、トチなど。乾燥後に、器の形状にロクロで挽く（削る）のが、中嶋さんら挽物師といわれる木地師です。素材をロクロの「はめ」にセットし、さまざまな棒状のカンナを使って外側と内側とを完成形に近づけていきます。中嶋さんは刃先の異なるカンナをいくつも持ち替えながら、美しい形の器を生み出していきます。

　プランでは二つの形状から酒器が選べ、その場でリクエストにも応じてくれます。「酒器の口の広さで唇の当たる部分が変わるので、味わいや香り成分の感じやすさも当然、変わります」と中嶋さん。

　出来立ての無垢の酒器はフレッシュな香りを放ち、まるで森林浴。軽さと、曲線のフォルムが魅力で、滑らかな手触りながらどこか野趣を感じます。この無垢の酒器で夕食時に地酒を味わうのです。

「山中漆器」の制作手順

❶木地師が荒挽きの器を担当。❷❸❹❺素材をロクロの「はめ」にセットし刃先の異なるカンナで外と内を削る。❻形状は二者選択。❼夕食時に無垢の酒器で地酒を味わう。❽使用後は茶、朱、黒いずれかの色を選び、漆職人が漆で仕上げ約1か月で届く。

立ち寄りスポット

工房なかじま

工房隣接のギャラリーでは、酒器や食器、オブジェなど、中嶋さんの作品が鑑賞できる。手業のひととき参加者は無料。一般見学は予約がベスト。
http://takehitowoodworks.com

界 加賀

風情ある湯浴みと北陸の美味
旅を盛り上げる加賀伝統の器

上／大浴場壁面の九谷焼パネル。代表的な様式「色絵」「青手」「赤絵」「藍九谷」で四季を表現。ガラス窓には、金沢金箔で霊峰・白山が描かれる。中／庭の樹木を守る雪吊りは北陸らしい。下／外湯の古総湯。界 加賀の宿泊者は無料。浴室に九谷焼タイルや拭漆、ステンドグラスが使われ美しい。

タグ付き蟹を味わう「ひとり蟹会席」

11月～3月のカニシーズンに「活蟹を用いた『ひとり蟹会席』」を実施。蟹一杯まるごとを、自分のペースで味わえるのが魅力だ。メインの「活蟹のしめ縄蒸し」では、煎り酒やアボカドマヨネーズほか6種のつけダレを九谷焼で供するなど色彩と新鮮な味わいが楽しめる。スタッフがゲスト一人ひとりに合った食し方をアドバイス。ご褒美のひとり旅にオススメ。

上／春夏秋の特別会席「のどぐろと鮑の会席」。左下／八寸とお造り、酢の物の「宝楽盛り」。右下／作家が界 加賀のために手がけた山中塗。夕食などで登場。下／地酒は九谷焼の酒器で楽しめる。

料理に合わせた加賀伝統の器

工房から界 加賀へ。全48室の客室は加賀友禅や加賀水引、九谷焼で彩られたご当地部屋「加賀伝統工芸の間」です。伝統を感じる優雅な設えが、贅沢なくつろぎ時間を演出。18室には温泉の露天風呂があり心身をほぐしてくれます。

ひと息ついたら、大浴場へ。とろりとした感触の温泉は、よく温まり肌が潤う「美人の湯」と評判のナトリウム・カルシウム―硫酸塩・塩化物泉です。壁面に若手作家による九谷焼のアートパネルを設置し、代表的な様式「色絵」「青手《あおて》」「赤絵」「藍九谷」で四季を表現。加賀の風情ある湯浴みが楽しめます。

山代温泉は芸術家であり美食家として知られる北大路魯山人ゆかりの「いろは草庵」が残る温泉地。「器は料理の着物」と唱えた魯山人に倣い、料理に合わせた器にもこだわっています。

加賀の味覚を盛り込んだ会席料理には、九谷焼の器で供される地酒とのマリアージュもオススメ。ま

地域紹介の「ご当地楽」は、加賀獅子舞。オリジナルの演目『白銀の舞』では、八方睨みの獅子と戦う若武者が勇壮華麗な舞を披露する。

上／中庭のタイルは加賀友禅をイメージした九谷五彩の九谷焼を使用。下／国の有形文化財の茶室では1日2回、茶の湯体験を実施（有料）。

た冬場は、一人1・5杯のカニを使用する冬の特別会席「活蟹づくしのタグ付き蟹会席」を目当てに常連客が訪れます。メインの「活蟹のしめ縄蒸し」は生きている状態で丸ごとしめ縄をかけて蒸し上げたもの。ふっくらとした身には旨みが凝縮。

新しい発想が旅のワクワクを作る

夕食が始まり、地酒とともに手業のひとときの無垢の酒器が登場しました。木の香りがふわりと広がり、口触りは優しく、酒はまろやかな味わいに。

「このプランは試行錯誤の連続でした」と、界加賀のスタッフのカロリーヌ・バヨデスティボさんは話します。その理由は、「漆器は漆を塗って完成する器で、漆は水が染み込みにくい特徴があります。漆の前段階で器を使用するのは前代未聞と職人さんに驚かれましたが、『新しい発想は形にしましょう』と協力してくださり、プランが完成しました」と。おかげで、挽きたての無垢の器を五感で体感する経験ができました。

「伝統的な金継《きんつ》ぎで大切な器を守る！」

日本初、温泉旅館に「金継ぎ工房」が誕生

敷地内に2023年4月、「金継ぎ工房」が誕生。金継ぎとは、陶磁器の破損部分を漆によって接着し、金などの金属粉で装飾して仕上げる日本の伝統的な修復技法のこと。界 加賀のスタッフはこれまで、職人から指導を受けて500点以上の器を金継ぎしている。器の個性を高めて夕食時に使用するほか、修復経験を活かして金継ぎイベントを行うなど好評で、晴れて金継ぎ工房が完成。修復作業が見学でき（15時～17時30分）、毎日実施する「金継ぎいろは」では道具紹介ほか工程の一部が体験できる（毎日15時30分～と16時30分～各30分間、無料、10人定員、当日予約制）。

プランでは夕食時、形の違う3種の器でも感触の違いを楽しむことができます。深さがない端反《はぞり》型は、器を少し傾けるだけで舌先に日本酒が流れ、軽い口当たりを感じます。丸型の器では、大きく傾けることで日本酒が口の中全体に広がり、飲み口が鼻まで覆うことから、一口で味、香りともに深く感じます。使用した無垢の器は、漆職人の手によって漆が何度も塗り重ねられ仕上げられます。

旅館スタッフの新しい発想で魅力が増す食・温泉・文化体験……。界 加賀の旅は伝統と新しいものとの出合いがいっぱいです。

界 加賀

石川県加賀市山代温泉18-47［客室数］48（和室48〈露天風呂付き18〉）［泉質］ナトリウム・カルシウム―硫酸塩・塩化物泉／pH7.9／泉質別適応症は切り傷、末梢循環障害、冷え性、うつ状態など［環境］標高29m／夏平均気温24.8℃、冬平均気温2.8℃、冬の積雪量44㎝［交通］〈電車〉北陸本線加賀温泉駅からタクシー約10分〈車〉北陸自動車道加賀ICから約15分

界 津軽

かい つがる

青森県／大鰐温泉

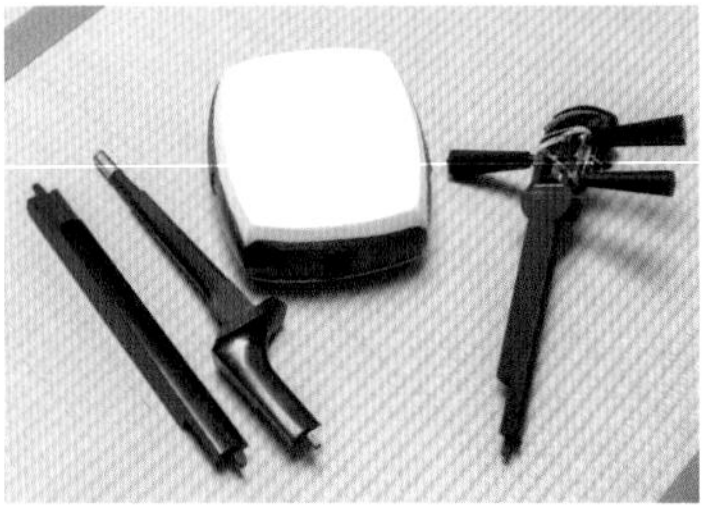

手業のひととき

「津軽三味線の達人技に触れる体験」

上／手業のひとときでは、津軽三味線のプロから歴史や楽器紹介、奏法まで教わる。撥さばきや指づかいに見惚れる。下／三味線は上部の天神と棹と太鼓から成る。

青森の伝統工芸で津軽の四季を表現

本州最北の地に位置する青森県津軽地方。界 津軽は南津軽の大鰐《おおわに》温泉にあります。津軽のお殿様も疲れを癒やしたという名湯で、開湯８００年余を誇ります。

弘前《ひろさき》市から車で南へ30分ほど。宿は温泉街を見下ろす高台に立ち、岩木山を遠望するロケーションです。池庭を中心に建物が広がり、「津軽四季の水庭」と呼ばれる季節の演出が楽しみです。例えば、春は津軽金山《かなやま》焼の燈籠《とうろう》、夏は津軽びいどろの明かり、秋は紅葉、冬はかまくらとこぎん燈籠が滞在の風景を個性豊かに彩ります。

津軽三味線の生演奏を毎夜、地域紹介サービス「ご当地楽《がく》」として開催しています。津軽三味線奏者のプロと、日々稽古を重ねるスタッフがステージで披露。津軽地方に古くから伝わる津軽三味線は、撥《ばち》を叩き付けながら弾く打楽器的奏法が特徴で、激しい音色と速いテンポの曲が聴衆を魅了します。

左上／「津軽四季の水庭」。夏は津軽びいどろの灯りで涼やかさを演出。右上／季節の会席。左下／全室がご当地部屋「津軽こぎんの間」。右下／リニューアルした大浴場にも、こぎん模様のあしらい。秋から冬はリンゴ風呂に。青森ヒバの湯船に体の芯まであたためる美肌湯が満ちる。

三味線のルーツから太棹三味線の魅力まで

手業《てわざ》のひとときは「津軽三味線の達人技に触れる体験」をテーマに、ご当地楽から一歩踏み込んだ楽器演奏が楽しめます。地元出身のスタッフ・雪田里美さんは、地域の魅力開発に携わる一人です。「初めてのお客様でも、名曲「津軽じょんから節」が弾けるようになる内容です。モノではなく〝コトづくり〟の体験をご堪能ください」と話します。

宿泊初日の夕食後に、数寄屋造りの離れで手業のひとときを1時間開催。担当するのは、ご当地楽も手がける津軽三味線のプロ・佐藤晶《しょう》さんです。佐藤さんは、「津軽じょんから節」発祥の青森県黒石市出身。14歳より津軽三味線を始め、16歳から津軽三味線全日本金木大会に出場、津軽三味線世界大会の唄付け部門で優勝などの経歴の持ち主です。

まずは三味線の歴史と楽器紹介からスタートします。ルーツは諸説ありますが、古代エジプトで弦3本の楽器が生まれ、アジア、琉球（沖縄）へ。三線《さんしん》

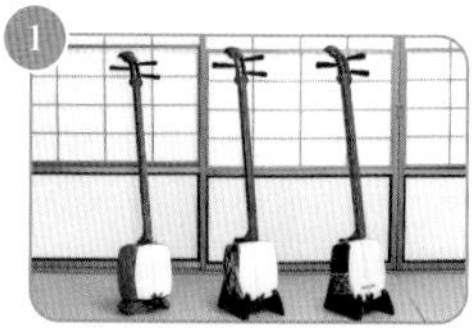

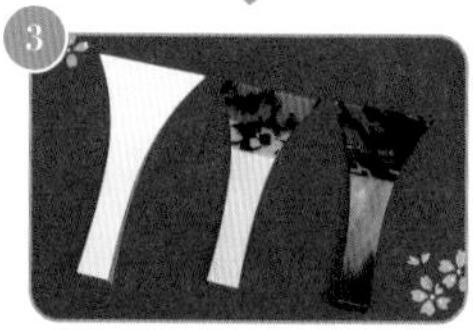
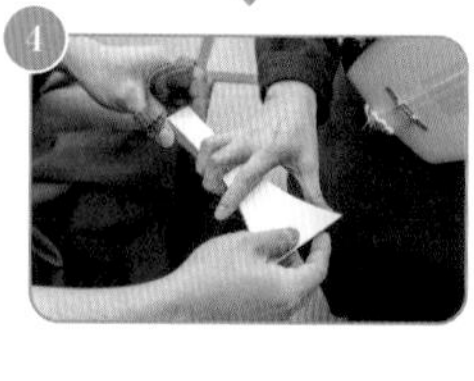
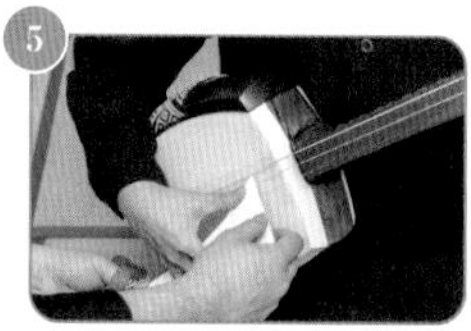
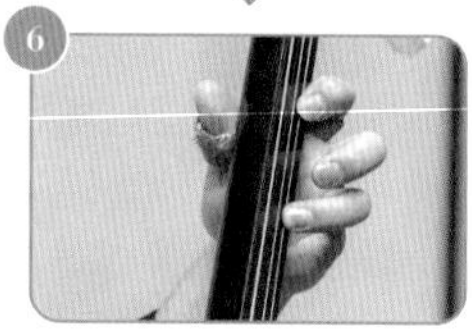

「津軽三味線」体験の流れ

❶❷楽器の解説。三味線の全長は約3尺2寸（約100cm）。細棹・中棹・太棹（津軽三味線）がある。❸❹撥の種類と持ち方を学ぶ。❺❻弦は手前の一の糸から二、三の糸へ順に細くなり高音に。❼指導。❽仕上げは合奏。

立ち寄りスポット

三味線店 多田工房

津軽三味線奏者である多田あつしさんが「いい音色を出すために始めた」という三味線工房。太鼓の皮張りに特にこだわる。修理、販売、教室を行うほか、奏者7人で切り盛りする「津軽三味線ライブハウス杏」（18時～22時。不定休）も手がける。工房見学は事前予約を。
☎0172-35-6768

は中国の三弦が起源ともいわれ、三線を改良した楽器が三味線です。日本では室町時代、大阪で細棹の三味線が誕生し、津軽では太棹《ふとざお》の津軽三味線が普及。三味線は盲目の旅芸人の大道芸で広まりました。津軽三味線の初代、高橋竹山《ちくざん》もそうです。

三味線の胴は重く、厚い皮が張られます。棹の太さで音色や音の幅が異なります。「津軽の太棹三味線は、力強く迫力ある音」と佐藤さん。細棹は高い軽妙な音、中棹は落ち着いた艶やかな音がします。

楽器の説明を受けた後は、津軽三味線を手にして本格的な撥の持ち方や奏法を習います。3本の弦を撥で弾くと、弦の振動が太鼓のような構造の胴に共鳴して、よく響く音が出ます。「撥を弦の上からおろすと音が鳴ります。おろした撥を同じ角度で戻しながら、下から上へ弦をすくい上げると違う音が出ます」と佐藤さん。奏法は10種類ほどあり、「かまし、はじき、ゆり、すくい、ねじめ」など独特の呼び名が付けられています。

まず「さくらさくら」で練習、次は初心者に向け

津軽三味線奏者・佐藤 晶さん

青森県黒石市出身。14歳から津軽三味線を始め、16歳で津軽三味線全日本金木大会出場、2022年には津軽三味線世界大会の唄付け部門で優勝。現在は津軽民謡の伴奏を中心に行いながら、後継者育成にも力を注ぐ。

津軽三味線の生音でお客様を癒やしたい

津軽三味線の音色には「訛りが出る」と感じています。その人が育ってきた環境が、音の訛り、個性となって、津軽の大自然や恵みをより豊かに表現します。宿泊の皆様には、そんなことを感じていただきながら、生演奏でくつろいでもらえたらうれしく思います。

［手業のひととき］宿泊初日の19時30分〜20時30分開催（実施日は施設サイトに掲載、事前WEB予約）、1日1組（1〜3人）、1人1万1000円（宿泊費別）

界 津軽

津軽の四季を彩る水庭の宿
大間の鮪を地酒とともに

上／夏の景色を湯船に浸かり満喫する「かまくら露天風呂」。中／「津軽四季の水庭」で、秋はリンゴなどのカクテルも。下／冬は水庭にスタッフが一から作り上げる「かまくら」が登場。その外壁をこぎん刺しの雪模様ライトが彩る。かまくらで地酒とアミューズを楽しむプランも用意。

食事処。窓辺のテーブル席では、新緑や紅葉、雪景色など季節の色彩もごちそうに。半個室もある。

上／秋冬の特別会席「大間のまぐろづくし会席」。造り、鍋、漬け鮪など堪能。津軽海峡のマグロ一本釣りで有名な大間の本マグロが味わえる旅館は貴重。下／郷土料理の貝焼きが登場する「ご当地朝食」。津軽びいどろなど地域色豊かな器にも注目。

左／じょっぱり、田酒、豊盃ほか、地酒の飲み比べが楽しい。右／青森の夏を食べ尽くす特別会席。メインは鮑の氷しゃぶしゃぶ。鮑の刺し身を2種の冷製ダシで味わう。

たオリジナル楽譜で「津軽じょんから節」で使う〝ころがし〟奏法に挑戦します。ころがし奏法とは、撥で弦をはじいたり、すくったり、打楽器的な感覚で叩いたりの連続奏法。

　節が少しずつ弾けるようになり、最後の通し演奏で先生と合わせた瞬間、感動が全身を駆けめぐりました。できないことができるようになった達成感。三味線の構え方、撥の持ち方さえ分からず、数字譜の楽譜を見るのも初めて。そんな私が、津軽民謡の有名な節が弾けたという喜びです。

地域を紹介する旅館というステージ

　全40室が津軽地方で生まれた刺し子「津軽こぎん刺し」をテーマにするご当地部屋です。約300年の歴史ある「津軽こぎん刺し」を、グラフィックデザイナーの協力で、障子や行灯、壁掛けなど全室異なる模様で装飾しています。

　2022年11月に大浴場がリニューアルし、「かまくら露天風呂」が誕生しました。内湯に併設する水庭に張り出した場所に、湯船を囲うアーチの付いた露天風呂が完成。積雪期は、かまくらの中にいる気分で雪見風呂が楽しめます。

夕食は、秋冬の特別会席「大間のまぐろづくし会席」。津軽海峡のマグロ一本釣りで有名な大間の本マグロを、造り、鍋、漬け鮪などで味わう至福の時。

食後はご当地楽として、津軽三味線の生演奏がラウンジで行われます。奏者の舞台を引き立てるのは、日本画家・加山又造の壁画『春秋波濤《はとう》』です。本日は佐藤さんを中心に、女性スタッフ2人が、「祝い唄」や「津軽甚句」「津軽じょんから節」などを披露。その気迫に圧倒されました。

「界 津軽のステージは生音にこだわりますから、一番後ろのお客様も最前列と同じ迫力で演奏をお届けしたい。気合が入り毎回が真剣勝負」と佐藤さん。張り詰めた空気の中で響き渡る津軽三味線の生音。喜びや悲しみ、哀愁などを感じさせます。

雪がしんしんとふり、一面の銀世界となる津軽の冬。リンゴが浮かぶ温泉大浴場であたたまりながら、

左／週1回のレッスンは業務の一環。この日は入社2年目のスタッフが猛練習。右／ご当地楽として生演奏は毎夜開催。左は雪田里美さん、右は田澤美郷さん。ともに、マイ津軽三味線で演奏するベテラン。

津軽の四季（弘前城の桜、ねぷた祭り、リンゴ狩り、雪おろし）をテーマにした現代湯治体操。

手業のひとときでは、津軽三味線の客室貸し出しがあり練習ができる。

koginアーティスト×ご当地部屋

界 津軽のご当地部屋は、全40室が「津軽こぎん刺し」の異なる模様で装飾される。手がけるのは青森出身のグラフィックデザイナー・山端家昌さん。数百に及ぶ伝統模様を残して広めたいと、デジタル化に行き着いたという。ファブリックほか、障子はこぎん模様が透かされ、廊下にはこぎん模様が影絵のように照らすなどデザインの可能性を感じる。

こぎん模様をあしらう襖はインパクトがある。

上／ご当地部屋「津軽こぎんの間 和室 リビングスペース付き」。こぎん刺しの模様が全室異なり、障子や照明、パネルなどに展開。下／落ち着いた雰囲気。

津軽こぎん刺し体験。売店には弘前こぎん研究所とコラボした名刺入れほか限定商品を販売。

津軽三味線の余韻に浸ります。湯船に注がれるのは、ナトリウム—塩化物・硫酸塩泉。保湿と保温効果に優れ、入浴後は肌がしっとり潤います。

手業のひとときでは、津軽三味線の客室貸し出しがあり、翌日は自主練習。うまくなりたいと欲が出て、高価とは知りつつも〝マイ津軽三味線〟に興味がわいてきます。近隣にあるという津軽三味線の工房を予約して楽器を愛でたり、会話を楽しんだりなど、旅のワクワクは続きます。

滞在中はほかにも、津軽こぎん刺し体験や四季を表現する津軽体操など楽しみはいっぱいです。

界 津軽

青森県南津軽郡大鰐町大鰐字上牡丹森36-1［客室数］40（和室34、洋室6）［泉質］ナトリウム—塩化物・硫酸塩泉（低張性中性高温泉）／pH7.38／泉質別適応症は切り傷、末梢循環障害、冷え性ほか［環境］標高63m／夏平均気温18.9℃、冬平均気温－1.1℃、冬の積雪量194㎝［交通］〈電車〉奥羽本線大鰐温泉駅から送迎車で約5分（定時運行）〈車〉東北自動車道大鰐弘前ICから国道7号経由約15分

界 霧島

かい きりしま

鹿児島県／霧島温泉

手業のひととき

「杜氏《とうじ》から教わる本格焼酎と醸造蔵見学」

上／明治期の石蔵で伝統製法にこだわる中村酒造場の中村慎弥さん。下／手業のひとときは、客室での飲み比べ体験から。焼酎は同じ銘柄でも「割り方」で多彩な味わいに。飲む数日前から割り水をしてなじませる「前割り」なども紹介。

上から／全49室が桜島を見晴らす開放感を誇る。湯浴み小屋へはスロープカーで。シラス壁で霧島連山を表現するヘッドボード。寝心地のよいベッドで快眠できる。夕日に輝くすすき野原と桜島の眺望が露天風呂から楽しめる。

絶景旅館で鹿児島の食と文化体験

界 霧島があるのは、霧島連山の主峰・高千穂峰《たかちほのみね》の中腹、標高約６００ｍの地。霧島錦江湾《きんこうわん》国立公園の大自然に包まれ、全49室が桜島ビューを誇ります。

全室が「薩摩シラス大地の間」と呼ばれる、伝統工芸で設えたご当地部屋です。例えば照明には薩摩和紙を採用し、調度品は薩摩錫器《さつますずき》の花瓶、壁飾りに大島紬をあしらうほか、ヘッドボードは火山噴出物のシラスを用いた抗菌性のシラス壁で霧島連山を表現しています。

温泉の湯浴み小屋は、客室棟から50ｍほど下ったすすき野原に佇んでいます。ガラス張りのスロープカーで絶景を楽しみながら行き来できます。

客室で本格焼酎の飲み比べ体験

「手業《てわざ》のひととき」は芋焼酎に注目。「杜氏《とうじ》から教わる本格焼酎と醸造蔵見学」を、1888年創業の中村酒造場監修のもと開催しています。橋本啓吾さんら界 霧島の魅力開発スタッフが、「霧島は名水の里で、美味の宝庫。本格焼酎のおいしさと蔵人のこだわりを伝えたい」と企画しました。

宿泊初日は、客室で本格焼酎の飲み比べを行います。中村酒造場の六代目・中村慎弥《なかむらしんや》さんの解説動画を見ながら3種の銘柄を堪能。本格焼酎は蒸留を一度しか行わない伝統製法で、蒸留を繰り返す甲類焼酎より原料の持つ風味や香りが色濃く残り、独特の味わいが魅力です。

醸造蔵見学は翌日のチェックアウト後、霧島市国分湊にある中村酒造場へ。霧島連山を借景にする田園に立つ煉瓦造りの煙突と蔵が目印です。鹿児島県に110軒以上ある焼酎蔵でも、石造りは3軒のみ残るとのこと。

手業のひととき2日目は、中村酒造場の麹室での座学から。中村さんが手にする黒ずんだ麹蓋は、発酵を促す黒麹による。明治期の石造りの麹室をめぐり、焼酎の製造工程を学ぶ（麹造り〈蒸米・製麹〉→一次もろみ→原料と水を投入し櫂入れ、攪拌→二次もろみ→蒸留→濾過→貯蔵→瓶詰め）。

もうひとつの

手業のひととき

国分酒造の見学がスタート。蔵元10社が集まり1970年に誕生した酒造会社で、業界初の米麹を使わない、サツマイモ100％の芋焼酎醸造や、絶滅状態にあった芋を苗から復活させて焼酎開発を行うなど、独自の焼酎造りが話題。手業のひとときでは、中村酒造場・国分酒造のどちらかが選べ、飲み比べと見学ができる。

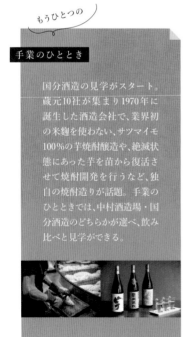

［手業のひととき］飲み比べは宿泊初日に実施。酒造蔵見学は宿泊翌日の13時〜14時30分開催（実施日は施設サイトに掲載、事前WEB予約）、1日1〜5人、1人4000円（宿泊費別）

135年目の原点回帰 大切な物はそばにある

全工程で熱源を用いた機械の使用をやめました。今の技術や知識を用いて、創業時の方法に戻したら新しい何かが生まれると考え、その味わいに手応えを感じています。創業の明治時代からある蔵の力を信じたかった。蔵に生息する微生物の声を聞き、協力を得ながらの焼酎造りです。

中村酒造場・中村慎弥さん

鹿児島県霧島市生まれ。大学で醸造を学び、東北で麹造りを修業し、酒販流通会社勤務を経て帰郷。杜氏として家業を継ぐ六代目。歴史ある石蔵で製法にこだわり、世界に誇る日本の蒸留酒・本格焼酎造りに励む。新商品続々。

心をほどき、人と人の距離を縮める

蔵の中には麹室《こうじむろ》、発酵用の甕壺、芋洗い機、蒸留機などが点在します。これらがフル稼働するのは、主原料であるサツマイモの収穫時期に合わせた8〜11月です。黄金千貫《こがねせんがん》という焼酎に適したサツマイモを主に1日最大1・7tの芋を、手作業で良し悪しを見極めながら選別します。

手業のひとときは、仕込みの最盛期を除き通年開催。中村さんから焼酎の製造工程を教わります。原料の米を蒸し（蒸米《じょうまい》）、麹菌で種付けをし（製麹《せいぎく》）、焼酎酵母と水で仕込み発酵させます（一次もろみ）。主原料の蒸し芋を砕いて水も投入、櫂《かい》を入れて撹拌《かくはん》し発酵を促します（二次もろみ）。その後、蒸留を経て原酒ができ、濾過、貯蔵、瓶詰めへ。

中村さんは焼酎を、「普段着に近い感覚でリラックスして味わえるもの、肩の力を抜いて味わえる酒。だからこそ焼酎は心をほどいて、人と人の距離を縮めてくれるもの」とオススメします。

界 霧島

全客室桜島ビューの温泉旅館
湯浴み小屋へはスロープカーで

上／客室棟3階にあるビューテラス。桜島や霧島高原を見渡せる空間。夜はランプに照らされ、ロマンティックだ。中／特別室は、三方向の広い窓から桜島や高千穂峰を望む。下／客室棟から50mほど下ったすすき野原に佇む湯浴み小屋。スロープカーで行き来する楽しみがある。

左上／客室の露天風呂。窓を開閉する半露天タイプ。右上／あつ湯とぬる湯を楽しむ二つの浴槽がある大浴場。泉質は弱酸性の単純硫黄泉。卵が腐ったような独特の香りと白濁のにごり湯が特徴。透明感のある明るい肌をもたらす。左／何度でも入りたい絶景の露天風呂。

心、晴れ晴れ♪

スロープカーですすき野原の湯浴み小屋へ。壮大な風景に心が晴れる。

黒豚、焼酎、霧島茶……鹿児島の美味

界 霧島ではドリンクメニューに焼酎を豊富にそろえます。スタッフにオススメを教わりながら、季節の会席料理を味わう楽しい夕食時間。特別会席のメイン「和牛と黒豚の天地蒸し」は、天と地を表現した二段のせいろに、和牛、黒豚、旬の野菜を盛り付けて蒸し上げたものです。白薩摩焼や龍門司焼といった酒器などで種類豊富にそろう芋焼酎が堪能できるのも、宿泊してこその醍醐味です。

本格焼酎は、無添加で糖質ゼロ、プリン体ゼロ、体への負担が少ない酒。蒸留工程でアルコールを採取するため、サツマイモや米など原料由来の糖質やプリン体は含まれないそうです。とろりとしてまろやか、何よりおいしくて、焼酎再発見の喜び。

滞在中は温泉、酒、茶など、霧島の水にまつわるあれこれを満喫しながらリフレッシュできます。焼酎のセットや霧島茶のセットなども用意されているので、のんびりとした時間を楽しみましょう。

夕食・朝食はプライベートが保てる半個室の食事処でゆっくり味わえる。

特別会席のメインは“天と地”の二段せいろで蒸し上げる「和牛と黒豚の天地蒸し」。

上／夕食の先付けは郷土の餅菓子・あくまきをアレンジしたもの。酒器は伝統工芸の龍門司焼。独特の鮫肌が魅力。下／八寸とお造りと酢の物を、おかもち風の特製容器に盛り込む「宝楽盛り」。

霧島の水のおいしさは、霧島連山に降る雨水が数十年かけてシラス層や火山灰土壌を通りながら濾過され地下に蓄えられ、適度なミネラルを含んでいるから。「焼酎の仕込みや原酒の割り水にも使われる」と界 霧島の橋本さんに教わります。霧島市は水道水が100%湧水・地下水で賄われていることにも驚きました。銘茶の産地であることにも納得です。

神々の地に湧く温泉に癒やされる

ガラス張りのスロープカーで行く湯浴み小屋の露天風呂は、絶景の特等席です。すすき野原の向こうには、右肩上がりに見える桜島が錦江湾に浮かぶように見えるのです。夕日や満天の星、霧模様など、刻一刻と表情を変える景色にも癒やされます。

内風呂は源泉掛け流しの「あつ湯」浴槽と、「ぬる湯」浴槽の2種があります。温冷の交互入浴をすることで、血行を促して体の芯まで温まります。少し白濁する弱酸性の単純硫黄泉は、角質の軟化作用があり、透明感のある明るい肌をもたらすといわれ

毎夜行う地域紹介「ご当地楽」は、霧島九面太鼓保存会監修による「天孫降臨ENBU」。

上／鹿児島名物の白竹籠で登場する焼酎×甘味のセット。下／湯上がり処にある黒酢ドリンクや霧島茶で入浴前後の水分補給を。

ロビーには天孫降臨の天逆鉾(あまのさかほこ)をモチーフにしたオブジェがある。

「茶一杯(ちゃいっぺ)セット」。霧島茶と茶器と季節の和菓子を愛するスタッフが企画。

ます。霧島エリアに多い強酸性温泉の仕上げ湯と親しまれ、肌ざわりの優しい美肌の湯。

全49の客室のうち19室には眺めのいい露天風呂が備わっていて、好きな時に気兼ねなく温泉が楽しめるのが最高です。

毎夜開催の地域紹介サービス「ご当地楽《がく》」は、霧島九《く》面《めん》太《だい》鼓《こ》保存会監修による演舞です。天上界から神が地上に降り立ち、第一歩を高千穂峰に記したとされる神話「天孫降臨」を紹介します。宿の周辺には、創建6世紀と伝わる霧島神宮や高千穂峰登山口があり、壮大な自然と悠久の歴史を満喫できます。

界 霧島

鹿児島県霧島市霧島田口字霧島山2583-21［客室数］49（和室49〈露天風呂付き19、うち特別室3〉）［泉質］単純硫黄泉（硫化水素型）（弱酸性低張性低温泉）／pH5.6／泉質別適応症は自律神経不安定症、不眠症、うつ状態、アトピー性皮膚炎など［環境］標高626m／夏平均気温30℃、冬平均気温14℃、冬の積雪量0cm［交通］〈電車〉日豊本線霧島神宮駅からタクシー約15分〈車〉宮崎自動車道高原ICから県道221・223号経由約30分

ご当地の魅力をデザイン

【界の制服】

界の制服は胸元や袖口に、独自にデザインしたご当地のモチーフをあしらっています。伝統芸能や工芸品、歴史やロケーションなど、それぞれに意味があり、界めぐりの楽しみになるはずです。スタッフとモチーフをテーマに会話するのもオススメ。

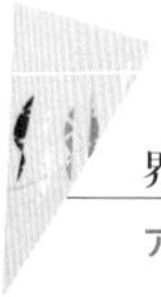

界 ポロト

アイヌ古式舞踏の舞

界 津軽

津軽こぎん刺し

界 鬼怒川

鬼怒川の渓谷と緑

界 仙石原

箱根仙石原の植物

界 箱根

木々の緑と箱根寄木細工の七宝矢羽

界 アンジン

航海や船など海のモチーフ

界 伊東

伊東市の花である椿

界 遠州

お茶の緑、茶葉

界 松本

松本城城主の家紋・リンドウ

界 アルプス

雷鳥の羽

界 加賀

北大路魯山人の器

界 玉造

温泉地名由来の勾玉

界 出雲

出雲神話に登場する八雲

界 長門

音信川を彩る川床と番傘と蛍

界 別府

別府石と柿渋色

界 由布院

由布岳、わら細工と棚田

界 阿蘇

火の国

界 雲仙

カラフルなステンドグラス

界 霧島

薩摩切子、天孫降臨の山々と太陽

界で過ごす二泊三日プラン

界《かい》 雲仙《うんぜん》

長崎県／雲仙温泉

二泊三日で楽しむ長崎県「界 雲仙」の旅

DAY.1
［1日目］

長崎空港

レンタカーで約90分
※長崎駅から雲仙行き特急バスあり、約100分

15:00 **雲仙温泉・「界 雲仙」到着**

左／雲仙地獄。右／ロビーは天井までガラス張り。真っ白な噴気が池庭を彩るように立ち上る。

15:30 **客室チェックイン**

客室は全51室が地獄ビュー。

イラストで楽しく紹介

上／歴史や泉質、入浴法を解説。下／地獄では地熱利用の給湯・燗付けを紹介。

16:10（40分）**「温泉いろは」**
（雲仙地獄プチ見学あり）

ご当地部屋「和華蘭《わからん》の間《ま》」

界 雲仙は雲仙天草国立公園内、標高約700mの雲仙温泉にあります。つづら折りの道を上り温泉街へと近づくにつれ、硫黄の香りが強まり、あちらこちらで立ち上る湯けむりが見えてきます。

宿が立つのは、「雲仙地獄」という高温の噴気（ガス）や熱水（温泉）が噴出するエリアです。全客室が地獄ビューで、地の底から噴き出す蒸気の景色は壮観。

客室は地域の伝統工芸で設える「ご当地部屋・和華蘭の間」。日本（和）と中国（華）とオランダ・ポルトガル（蘭）の文化が融合する長崎の文化を紹介します。例えばステンドグラスの間仕切りや和紙のライト、長崎ビードロ（＝ガラス）を使ったライト、島原木綿、波佐見焼《はさみやき》や郷土の古賀人形が空間を彩ります。

17:00 **大浴場へ**

上／ぬる湯→あつ湯の交互入浴で体のめぐりがよくなる。下／野趣あふれる露天風呂。

18:00 **客室でゆっくり**

デイベッドでくつろげる客室付き露天風呂。

夕食　基本会席 19:30

上／食事処。右／湯せんぺい豚角煮リエット、卓袱（しっぽく）料理の円卓を模した朱の器で提供する宝楽盛りなどの会席料理。

22:00 **リラックスタイム**

ガイドブックに沿ってストレッチや呼吸法を。

23:00 **就寝**

明日は何をしようかな

包まれる寝心地「ふわくもスリープマットレス」。

湯守り指南の「温泉いろは」

入浴前には、界の湯守りによる「温泉いろは」の体験をぜひ。雲仙の歴史や泉質、効果的な入浴法を解説するほか、宿すぐの地獄まで歩き「燗《かん》付《つ》け」という地熱を利用した約100年前からの給湯設備などを紹介します。

別棟の湯小屋にはステンドグラスが美しい大浴場と岩造りの露天風呂があります。大浴場には、源泉掛け流しの「あつ湯」と雲仙地獄の燗付けを利用する「ぬる湯」の二つの浴槽があり、交互に浸かると血行がよくなり気分爽快に。

夕食は半個室の食事処で。波佐見焼の器などを使う大胆なデザインのパーテーションが目を引きます。雲仙地獄や長崎発祥の伝統料理などから発想を膨らませた会席料理を楽しみましょう。

DAY.2

［2日目］

7:30（90分）

雲仙地獄パワーウォーク

9:15

客室風呂で汗を流す

上／温泉も絶景も独占する客室露天風呂。下／広めの洗面所で身支度も快適。

心と体がスッキリ

専用の作務衣と地下足袋に着替えて、高低差のある雲仙地獄を運動しながら一周する。

二日目はパワーウォークから

朝食前に開催される「雲仙地獄パワーウォーク」がオススメです。これはガイドと共に雲仙地獄を一周する約90分のアクティビティ。深い呼吸を意識しながら、普段よりも早足で全身を使ってウォーキングを行います。

全身が噴気に包まれたり、地熱を足元から感じたり、噴出活動を休止した「旧八万地獄」の広場でストレッチをしたり。地獄パワーを感じながら、リラックスと活力に満たされることでしょう。

運動後は温泉でリフレッシュ。大浴場でゆっくり湯に浸かるもよし、客室温泉でのんびり過ごすもよし。客室のうち16室は「客室付き露天風呂」と名付けられ、空間の半分以上は雲仙地獄を眺める露天風呂と湯上がり処が占めています。

9:30 **朝食**

具雑煮が登場するご当地朝食。

午後 **周辺観光**

上／ツツジの名所・仁田峠。右上／雲仙温泉街。下／島原城。写真提供／(一社)長崎県観光連盟。

17:30 **夕食・特別会席**

極上グルメ
口福の時間

メインは、あご出汁しゃぶしゃぶ。

20:00 **トラベルライブラリーでくつろぐ**

長崎を紹介する本がズラリ。

21:00 **大浴場へ**

左／夜の露天風呂は星空を眺める楽しみも。右／湯上がり処ではご当地ドリンクを。

23:00 **就寝**

色付き温泉の個性を堪能

湯船に満ちるのは、酸性、含鉄（Ⅱ、Ⅲ）—単純温泉。鉄や硫黄などを含む酸性泉は雲仙地獄から湧出。二つの源泉が混じるため、日によって湯の色が白や褐色などに変化します。よく温まる温泉で、肌がすべすべになります。

お楽しみの朝食は、山海の幸を盛り込んだ郷土料理・具雑煮《ぐぞうに》をはじめ、地元の味覚が楽しめる体に優しい料理です。

午後は周辺観光へ。雲仙温泉街、眺望絶景の仁田《にた》峠、海辺の小浜温泉、湧水の城下町・島原など、歴史と食と自然を満喫できます。

夕食は特別会席。メインは、あご（トビウオ）の旨みいっぱいのダシで味わう「あご出汁しゃぶしゃぶ」。伊勢エビや和牛など極上素材を堪能しましょう。

7:30 **現代湯治体操**

右/タオルを使って目覚めのストレッチ。左/天気がいい日は向かいの高台にある公園で開催。

DAY.3
[3日目]

朝食 9:15

長崎の路地をイメージしたという食事処。アート作品のようなパーテーションは見応えがある。

10:00（約30分）
ご当地楽
「活版印刷　～凹凸の魅力～」

まずはスタッフによる説明からスタートする。活版印刷は1590年頃に、天正遣欧少年使節により欧州から島原半島にもたらされたそうだ。紙芝居形式で学ぶ楽しいひととき。

説明の次は活版印刷機を使ってオリジナルのカードを作る。入れる文章を考えたら凹凸の活字をピンセットでひとつひとつ拾いながら用意された版に組んでいく。そしていよいよ活版印刷機でカードに文字を転写。独特の風合いで美しい文字だ。出来上がりはカードホルダーに入れて持ち帰ることができる。

活版印刷体験でマイ葉書を

朝の入浴で目覚めたら、界の湯守りと行う現代湯治体操でリフレッシュ。自然とお腹もすいてきて、朝ごはんのおいしいこと。ゆっくりと食事を楽しんで、食後のコーヒーをトラベルライブラリーで味わいます。気持ちに余裕が出てきて、好奇心が高まる自分に気づきます。

知的好奇心を満たしてくれるのが、界の名物である地域紹介の「ご当地楽《がく》」です。界 雲仙では活版印刷体験を行っていて、世界に一つのポストカードを作ることができます。

長崎は日本における活版印刷発祥の地で、ロビーの一角に並ぶ年代を感じさせる凹凸《おうとつ》の活字や活版印刷機は、地元から寄贈されたもの。ご当地楽は午前と午後に全8回開催（上記参照）。希望の時間

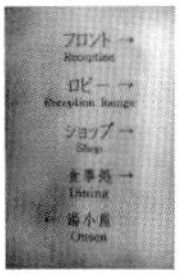

地獄パワーと異国情緒を楽しみ尽くす界 雲仙の旅

を先着順で予約できます。

界 雲仙には「その土地ならでは」の魅力がいっぱいです。館内はステンドグラスや島原木綿をはじめとするアートの演出で、オリエンタルな雰囲気が漂います。長崎は16世紀半ばから南蛮貿易で栄え、鎖国時代にも唯一、海外に開かれた貿易港。キリスト教文化も色濃い地域です。地域の魅力を五感で体感する温泉旅行。人、モノ、コトとの出会いが旅を深めてくれることでしょう。

10:30 ショップでお土産チェック

長崎名物がそろう。深蒸し煎茶や中華菓子、名産ビワで作る料理酢ほか、パッケージもオシャレな土産物がいっぱい。工芸品も豊富。

10:45 客室でのんびり

お茶請けは長崎の老舗・福砂屋のキューブカステラ。界 雲仙限定パッケージで、売店の人気商品。

12:00 チェックアウト

どうぞ
よい旅を

滞在で心もカラダもリフレッシュ。

界 雲仙

長崎県雲仙市小浜町雲仙321［客室数］51室（洋室32、露天風呂付き2、客室付き露天風呂16、特別室1）［泉質］酸性－含鉄（II、III）－単純温泉（酸性低張性高温泉）／pH2.8／泉質別適応症は自律神経不安定症、不眠症、うつ状態、アトピー性皮膚炎など［環境］標高686m／夏平均気温23℃、冬平均気温13℃、冬の積雪量5㎝［交通］〈電車〉長崎本線・島原鉄道諫早駅からバス90分、雲仙下車徒歩約1分〈車〉長崎自動車道諫早ICから約60分

界《かい》 由布院《ゆふいん》

大分県／由布院温泉

界《かい》 阿蘇《あそ》

大分県／瀬の本温泉

二泊三日でめぐる界の優雅な大分の旅

DAY.1
［1日目］

大分空港

レンタカーで約60分
※由布院駅からはタクシー約10分

15:00 **由布院温泉「界 由布院」到着**

由布岳を望む地。フロントまわりは上質な農家の玄関「たたき」をイメージ。

15:30 **客室チェックイン**

客室全45室がご当地部屋。これは棚田ビューの和室（全20室）。

16:15 **温泉いろは**

泉質などを紹介。スタンプ帳「お湯印帳」もぜひ。

16:30 **ご当地楽「わら綯（な）い体験」**

わらをより合わせた縄でお守り作り。縄は手を合わせてできることから「祈りの形」といわれる。

界 由布院「棚田《たなだ》暦《ごよみ》で憩う宿」

大分空港から、レンタカーで「やまなみハイウェイ」を経由して由布院温泉へ。由布岳がそびえる壮大な草原の道は、ドライブしているだけでおおらかな気持ちになります。

界 由布院は温泉街から少し離れた高台にあり、シンボルの由布岳を仰ぎ、朝霧の由布院盆地を眺めるロケーションです。幾重にも連なる棚田が敷地の中心に広がり、非日常の世界に誘います。

設計・デザインを担当した建築家の隈研吾さんは、「宿の主役は、美しい棚田のランドスケープ。どこからもその主役を感じられるような配置」と話します。当地の歴史を紐解き、農村の原風景をイメージして棚田を再現したそうです。

棚田を囲むようにして離れや客室棟、

17:00
露天風呂
由布岳と対面！

温浴棟は敷地内で一番由布岳に近い場所にある。

18:00
客室でゆっくり

「くぬぎ離れ」で里山に暮らすように滞在。緑茶と摘み草せんべいで一息つく。

19:30
夕食
特別会席

食事処は半個室とカウンター席を用意。特別会席のメインはジビエを味わう「山のももんじ鍋」。「姫島ひじき」の土鍋ご飯もおいしい。

温浴棟、棚田テラスなどがゆったりと佇みます。「棚《たな》田《だ》暦《ごよみ》で憩う宿」をテーマにし、春は山と空を映した水鏡、夏は青々とした稲、秋は黄金色の稲穂と、四季を通して目を楽しませてくれます。

絶景温泉とジビエ料理

お楽しみの温泉へ。由布院温泉の湧出量は別府温泉に次いで全国2位。豊富な温泉を、大浴場では源泉掛け流しのあつ湯と、ぬる湯の湯船で堪能。交互に入浴すれば血行が促進されスッキリします。

泉質は肌心地やわらかな弱アルカリ性の単純温泉。刺激が少なく長湯ができ、美肌効果が期待できます。由布岳と対面する露天風呂も最高です。

夕食は珍しいジビエ料理を、地酒と組み合わせて満喫。特別会席のメインは「山のもんじ鍋」と呼ばれ、スッポンダシ

21:00 **敷地散歩**

棚田のあぜ道をライトアップで彩る夜。満天の星も広がる。

22:00 **大浴場・客室風呂へ**

肌に優しい弱アルカリ性単純温泉。

23:30 **就寝前の「蒸し生姜湯」**

就寝前に飲むと体が温まり眠りやすくなるそう。

24:00 **就寝**

蛍かご照明に包まれる穏やかな時間。

手仕事のおもてなし

使い込むほど
味わい深く

七島藺工芸作家・岩切千佳さん

界 由布院では蛍かご照明、テラスの円座や角座、キーチャームなど制作。七島藺は国東半島で栽培される畳表の材料で、本物の琉球畳に使用される。岩切さんは「農家の手仕事、七島藺文化を残したい」と制作を行う。色、香り、肌心地に癒やされる。

に牛肉とジビエ（猪、鹿、穴熊肉）をくぐらせて4種のタレで味わうオリジナルです。季節の味覚も存分に楽しめます。

食後は敷地を散歩したり、テラスやトラベルライブラリーでくつろいだり。

再びの露天風呂では星空が広がり、その開放感に感動。木々のそよぎや虫の音の自然のBGMが癒やしてくれます。

全室に光の演出「蛍かご照明」

客室は全45室が「蛍かごの間」と呼ばれるご当地部屋です。竹のヘッドボードをはじめ、国東《くにさき》半島で栽培される畳表の材料・七島藺《しちとうい》で編まれた「蛍かご照明」が客室をぬくもりある空間にしています。螺旋《らせん》形の蛍かごからは、まるで蛍が舞うような、穏やかな光がもれ広がってとても幻想的です。包まれるような寝心地のベッドで幸せな夜……。

DAY.2
［2日目］

6:00　大浴場へ

おはよう由布岳！
温泉でよい目覚め。

7:00　棚田体操

棚田体操。朝霧テラスでストレッチ。

8:00　朝食

山の恵みを感じる和食膳。洋朝食も用意する。

9:00　棚田テラス

棚田テラスはパノラマビューが魅力。

気持ちも
ゆったり〜♪

10:30　ショップでお土産チェック

竹籠やバッグ、農園の洋菓子など個性的。

12:00　チェックアウト

午後　周辺観光

観光名所の金鱗湖ほか、温泉街には名物スイーツのカフェなど立ち寄り処が満載。

翌朝はまず、温泉へ。そして湯上がりは現代湯治体操「棚田体操」に参加。体操は朝霧の展望スポットという朝霧テラスで行われ、オリジナルの呼吸法やストレッチで体をほぐしていきます。

早起き、そして体操と、健康的な朝。お腹がすいてきます。朝食は和・洋から選ぶことができ、今回は和食膳に。山の恵みを感じる焼き野菜などを、棚田を眺めるカウンター席で味わいます。

チェックアウトの12時までのんびり。日本の原風景である棚田を心ゆくまで眺めながら、温泉に浸り、食を楽しみ、地域の文化に触れる優雅な旅。

宿を後にして由布院を代表する観光スポットの金鱗湖を散策したり、カフェめぐりやオシャレなショップをのぞいたり。由布院観光を楽しんだら、2軒目の宿「界 阿蘇」へ向かいます。

界 阿蘇へ

由布院温泉

レンタカーで約60分

※由布院駅からはバス約60分で
筋湯温泉入口下車、徒歩約3分

15:00 **瀬の本温泉「界 阿蘇」到着**

緑広がる8000坪に12棟の離れ。カートで移動も。

15:30 **客室チェックイン**

ご当地部屋は洋室・和洋室の2タイプ。

16:30 **ご当地楽「マイ・カルデラづくり」**

阿蘇カルデラの楽しい学び。阿蘇の天然水で作る「ご当地カクテル」も楽しみ。

界 阿蘇で「おこもり湯治滞在」

界 阿蘇は由布院温泉から車で約60分。標高1050mの阿蘇くじゅう国立公園内に位置し、阿蘇五岳を一望します。敷地約8000坪に客室は12室。全室が離れでプライベート感があります。

ロビーラウンジは重厚でモダンな雰囲気。高い天井に向かってのびる石積みの暖炉と、シンボリックに光る鉄製の照明が印象的です。ここにトラベルライブラリーやドリンクコーナーがあり、滞在中はリビングのような感覚で過ごせます。

客室は、地域の伝統工芸で設えたご当地部屋「カルデラの間」です。大自然の恵みを感じる草木染めのクッションやベッドライナー、小国杉のテーブル、溶岩茶器などを用意。すべてにツインベッドの寝室、革張りのソファが置かれたリビ

17:30 夕食 特別会席

上／洗練された食事処。左下／特別会席「阿蘇の旬会席」から、馬刺しと辛子蓮根を使う先付けと「牛フィレ肉の溶岩ステーキ」。

優雅な 読書タイム

20:00 暖炉で読書など

暖炉の前でお酒を味わいつつリラックス。

20:30 「温泉いろは」

ガイドブックに沿って呼吸法やストレッチを実践しよう。

21:00 客室 露天風呂

温泉を独り占め。夜は篝火が焚かれて幻想的。

23:00 就寝

ング、ジャグジーバスとテラス付きの露天風呂があり、ゆったりした空間になっています。温泉ざんまいをぜひ。

阿蘇カルデラを学ぶ「ご当地楽《がく》」

地域紹介のご当地楽「カルデラＢＡＲ」では、世界最大級の阿蘇カルデラの成り立ちを、スタッフがバーテンダーとなりガイドします。「マイ・カルデラづくり」という、カルデラの成り立ちを知る体験もユニーク。小麦粉と風船を阿蘇の大地とマグマに見立てます。約１０００年の歴史を誇る草原の野焼きや湧水スポット、雲海ほか四季の周辺観光も紹介。

夕食は食事処で。春夏の特別会席の台の物は「牛フィレ肉の溶岩ステーキ」。阿蘇の溶岩から作った溶岩プレートで焼き上げることで、ふっくらジューシーに仕上がり肉の旨みを引き出しています。

DAY.3
［3日目］

6:30 起床

朝日が照らすツインベッドの寝室。
原生林の息吹を感じながら至福のひととき。

7:00 カルデラ体操

テラスで行う朝の
カルデラ体操。

7:30 朝食

「阿蘇の涅槃像」と呼ばれる
阿蘇五岳を眺める食事処。郷
土の味を盛り込む和食膳。

11:00（約30分）「朝焼けカルデラ乗馬」

壮大な風景の中で乗馬体験を。

三日目は温泉&カルデラ体操から

何より快適なのは客室の露天風呂です。原生林にせり出すような湯船で、朝は野鳥のさえずりを耳にして爽快な湯浴みが堪能できます。敷地内に2本の源泉を有し、とろみのある単純温泉は湯あたりしにくい泉質です。

朝食は、熊本の郷土料理が登場する楽しい時間。例えば、巻きつけたネギを酢味噌で味わう「一文字《ひともじ》ぐるぐる」や辛子蓮根、南関《なんかん》あげのお味噌汁など。

「朝焼けカルデラ乗馬」という阿蘇五岳やくじゅう連山の景色を満喫する人気の乗馬体験もオススメです。

最終日は大観峰《だいかんぼう》や鍋ヶ滝をはじめ、阿蘇の大自然を感じるスポットへ。九州の水がめといわれる阿蘇には、1500ヶ所以上の水源が点在。名水めぐりや名水

九州の五つの界で本格焼酎ディスカバリー

界 由布院・界 阿蘇・界 別府・界 雲仙・界 霧島では、焼酎の魅力に迫る「ご当地焼酎カクテル」と、焼酎のいろはを学ぶ「ご当地焼酎プログラム」を開催(各施設公式サイトから事前予約)。界 由布院は麦焼酎とカボスのカクテル、界 阿蘇は球磨焼酎とトマトのソルティドッグを用意。
(時期によって内容等が変わる可能性がある。)

12:00 **チェックアウト**

ラウンジでくつろいでから出発。

またどうぞ界めぐりを

午後 **周辺観光**

上／阿蘇を代表する展望スポットの大観峰。下／巨大噴火で誕生した鍋ヶ滝。

界 阿蘇

大分県玖珠郡九重町湯坪瀬の本628-6［客室数］12(全室露天風呂付き。洋室8、和洋室4)［泉質］単純温泉(弱アルカリ性低張性温泉)／pH7.7／泉質別適応症は自律神経不安定症、不眠症、うつ状態［環境］標高1050m／夏平均気温25.7℃、冬平均気温2.2℃、冬の積雪量15～20㎝［交通］〈電車〉豊肥本線宮地駅からタクシー約30分〈車〉大分自動車道九重ICからやまなみハイウェイ、県道11号経由約40分

界 由布院

大分県由布市湯布院町川上398［客室数］45(和室20、露天風呂付き20、露天風呂付き離れ5室)［泉質］弱アルカリ性単純温泉／pH7.4／泉質別適応症は自律神経不安定症、不眠症、うつ状態［環境］標高538m／夏平均気温29.8℃、冬平均気温7.3℃、冬の積雪量0㎝［交通］〈電車〉久大本線由布院駅からタクシー約10分(送迎あり、定時運行、往路要予約)〈車〉大分自動車道湯布院ICから約15分

グルメも楽しみ。リニューアルした阿蘇くまもと空港へは、宿から車で約90分。空港内のショップ&グルメも話題です。

大自然と温泉に癒やされる二泊三日の界めぐり。心とカラダにご褒美の休日となることでしょう。

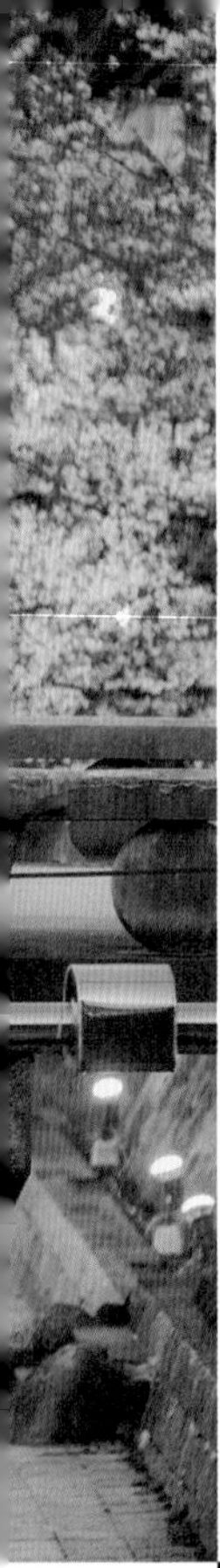

界 長門。ロビーを春色に染める音信（おとずれ）川の桜並木。温泉街では春限定の桜グルメも。

四季がある美しい日本へ

日本を旅する醍醐味は季節の風景や旬の味覚が楽しめること。
全国の温泉地にある「界」では、客室や露天風呂などから
四季の表情を楽しむことができます。

界 鬼怒川。野趣を感じる桜を愛でながら湯浴みを満喫。湯に桜が映り込み、風情がある。

界 玉造。温泉街を流れる玉湯川は、両岸2kmにわたり400本もの桜が咲き誇るお花見スポット。見頃には界専用の「夜桜人力車」が運行し、風流で特別な花見が楽しめる。

うららかな春

界 伊東・界 アンジン周辺の春絶景

早咲きの桜として知られる伊豆の河津桜。濃いピンク色の桜が河津川沿いを染め上げる。伊東温泉から車で約60分。
写真提供／ピクスタ

界 アンジン。毎年7～8月に開催される「伊東温泉海の花火大会」。客室が絶景の特等席に。

四季がある美しい日本へ

〈風薫る〉

界 由布院。朝日に照らされ水面きらめく棚田から地域のシンボル・由布岳を眺める。

上／界 箱根。渓谷の緑を湯船いっぱいに映し出す半露天風呂。下／界 松本。庭園露天風呂を新緑の木々と色鮮やかな花が彩る。

界 箱根周辺の夏絶景

「あじさい列車」の名で有名な箱根登山鉄道。例年6月中旬から色とりどりのアジサイが沿線を彩る。宿から箱根湯本駅へは車で約7分。
写真提供／ピクスタ

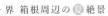

界 箱根。客室の窓を埋め尽くす紅葉は、赤、黄、オレンジに、常緑樹の緑など色彩豊か。

【錦繍まとう】

界 阿蘇。秋景も貸し切りにする客室の露天風呂。澄んだ空気を味わって森林浴を。

界 鬼怒川。秋は中庭の紅葉の大樹が色鮮やかに盛り上げる。湯上がりの散策も楽しい。

界 津軽周辺の秋絶景

四季がある
美しい日本へ

壮大な紅葉風景が広がる八甲田山ロープウェー。山頂公園駅まで約10分の空中散歩を。宿から山麓駅まで車で約60分。

写真提供／ピクスタ

界 仙石原。スイートルームの客室露天風呂は湯船も景色も広々して開放感に包まれる。

【雪化粧かがやく】

界 ポロト。幻想的な銀世界となるポロト湖。三角屋根の温泉浴場には湖を一望する露天風呂もある。

界 アルプス。雪あかりが映える露天風呂。北アルプスを借景にリラックスのひとときき。

四季がある
美しい日本へ

界 箱根・界 仙石原周辺の冬絶景

芦ノ湖に映える箱根神社の朱色の鳥居。冠雪の富士山との対比は一際美しい。芦ノ湖まで宿から車で約30分。

写真提供／ピクスタ

かわいい旅みやげ

【界のショップ】

ぬくもりを感じる工芸品やデザインセンスが光るアクセサリー、色とりどりの器や箸置き、オリジナルの菓子ほか、界のショップで見つけたかわいい旅みやげをご紹介(写真は取材時のもの、商品が異なることがあります)。

界 松本

深山織や水引の
アクセサリーなど。

界 玉造

酒粕を使った
オリジナル菓子ほか。

界 遠州

種類豊富な
遠州綿紬のハンカチ。

界 別府

臼杵焼の箸置きや
小鹿田焼ほか。

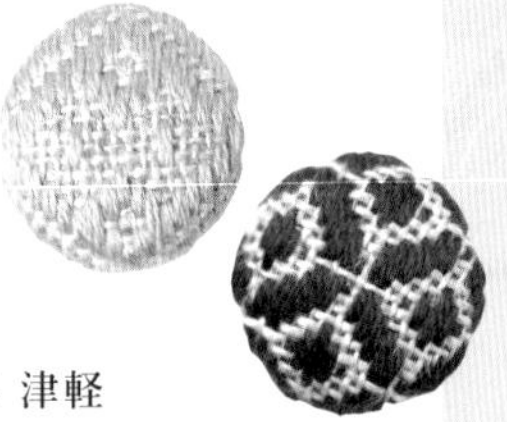

界 津軽

津軽びいどろの食器や、
こぎん刺しくるみボタン。

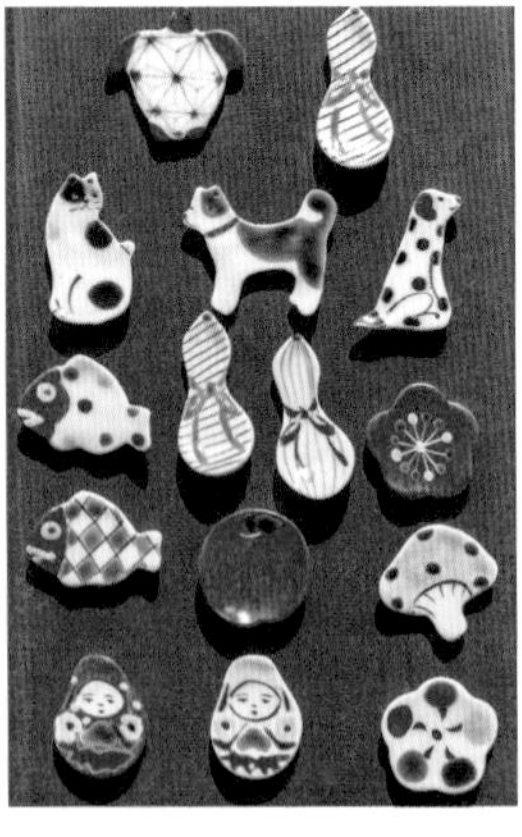

界 加賀

愛らしい九谷焼の箸置き。

界 鬼怒川

益子焼のカップ＆ソーサー。

界 アンジン

海をイメージさせる商品満載。

温泉旅館「界」とは

温泉旅館「界」の魅力を、大きく６つのテーマに分けてご紹介します。
温泉、食、体験など盛りだくさんです。

界 を楽しむ6つのキーワード

界とは

「王道なのに、あたらしい。」は、温泉旅館ブランド「界」のコンセプトです。季節の移ろいや温泉旅館らしい趣、伝統を生かしながら、現代のニーズに合わせたおもてなしで旅人を迎えます。最大の魅力は「ご当地らしさ」。この地域だからこそできる体験や食事、空間演出を、界のスタッフが地元の職人・生産者とコラボレーションしながらつくり上げています。ここからは6つのポイントに注目しながら、界のご当地らしさを紹介します。

1

ご当地部屋

界の客室「ご当地部屋」は、地域の伝統工芸を設えた空間。床の間のアートや寝室の意匠、茶器やルームキーホルダーといったアイテムまで、ご当地の文化に触れられます。

4

うるはし現代湯治

界では「もっと温泉そのものを楽しみ、効果を感じてもらいたい」との思いから、湯守りによる「温泉いろは」「現代湯治体操」を実施。泉質に基づいた入浴法や過ごし方などを紹介。

2

ご当地楽《がく》

毎日無料で開催する「ご当地楽」は、スタッフが案内役となり地域の伝統工芸や伝統芸能などを紹介する楽しいおもてなし。湯上がりや夕食後など、浴衣のままで参加できます。

3

日本旅会席

界の夕食は、地域色を感じる食材や郷土の調理法を取り入れた「日本旅会席」こと、季節の会席料理です。作家とコラボした器にも注目。和食膳「ご当地朝食」も個性が光ります。

5

手《て》業《わざ》のひととき

地域の職人・作家・生産者と行う、有料・プライベート制のご当地文化体験です。伝統工芸、食文化、伝統芸能などを深掘りすることで、特別な「コト・モノ体験」が堪能できます。

6

ニーズに合わせた旅の提案

シニア向け「温泉めぐり 界の定期券」と若い世代向け「界タビ20s」をご紹介。前者は「温泉を楽しみたい！でも旅の手配は面倒」という希望が叶う70歳以上限定の旅プラン。後者は成人18歳から利用できる若い世代の旅応援プランで、全国一律の割安料金も魅力です。

界を楽しむ6つのキーワード

1 ご当地部屋

客室には地域の作家とコラボレーションした伝統工芸品を設え、ご当地の歴史文化に気軽に触れることができます。現代のくつろぎを追求した空間には、寝心地にこだわったベッド、快適なソファなどを配し、ゆったりとした旅時間を演出します。

界 長門

ヘッドボード

ベッドの背には、ご当地を象徴するデザインが地元職人により施される。界 長門は、800年以上の歴史がある徳地和紙の折染パネルが客室を色鮮やかに彩る。

界 玉造
宍道湖と光を天野紺屋が藍染で表現。

界 由布院
伝統の竹細工にちなんで竹を採用。

界 長門(左)
萩焼深川窯の作品(坂倉正紘作)。

界 加賀(右)
金沢の伝統工芸・水引細工の作品。

界 玉造

アート

アート作品も楽しみ。界 玉造はメノウや勾玉モチーフの作品を展示。棚の取手はたたら製鉄由来の出雲鍛造による。

ベッドライナー

ベッドカバーの足元部分にかけられる布もご当地のこだわり満載。界 加賀は、優美な七宝文パターンをあしらう加賀友禅。

界 加賀

界 津軽（上）
こぎん刺し模様はモダンな印象。

界 遠州（下）
ぬくもりを感じる
遠州綿紬（めんつむぎ）。

界 遠州

障子布

障子に伝統工芸のあしらいを取り入れた界だけのオリジナル。界 遠州では、縞模様が特徴の遠州綿紬を採用する。

界 伊東（左）
伊豆の草花で染めた糸で織る
花暦スクリーン。

界 鬼怒川（右）
伝統柄の黒羽藍染が和紙に映える。

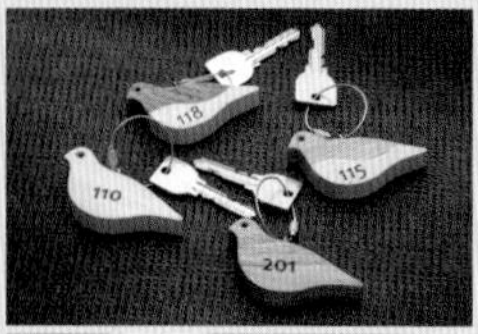

ルームキーホルダー

界 アルプス（左上）
長野県の県鳥である雷鳥モチーフ。

界 雲仙（左下）
ステンドグラスと活版の客室番号。

界 松本（右）
ワインボトルの木工デザイン。

界 箱根
市松模様が映える
箱根寄木細工。

茶器

界 加賀（左）
上品な九谷焼の急須と湯呑み。

界 霧島（右）
地元窯元の湯呑みとマグカップ。

界の風呂敷は
P176参照

リラックスできる界の作務衣

作務衣

クッション

界 遠州（上）
ぬくもり工房が手がける遠州綿紬。

界 鬼怒川（下）
新旧のデザインが素敵な黒羽藍染。

ご当地部屋の名称

界 ポロト「□の間(しかくのま)」…p188～
界 津軽「津軽こぎんの間」…p56～
界 鬼怒川「とちぎ民藝の間」…p24～
界 仙石原「仙石原アトリエの間」…p138～
界 箱根「箱根寄木の間」…p40～
界 アンジン「按針みなとの間」…p162～
界 伊東「伊豆花暦の間」…p144～
界 遠州「遠州つむぎの間」…p16～
界 松本「オーディオクラフトルーム」…p156～
界 アルプス「信濃もてなしの間」…p168～
界 加賀「加賀伝統工芸の間」…p48～
界 玉造「玉湯の間」…p32～
界 出雲「彩海の間(さいかいのま)」…p194～
界 長門「長門五彩の間」…p178～
界 別府「柿渋の間」…p150～
界 由布院「蛍かごの間」…p80～
界 阿蘇「カルデラの間」…p84～
界 雲仙「和華蘭の間」…p74～
界 霧島「薩摩シラス大地の間」…p64～

界 加賀(左)

客室ごとに異なる九谷焼プレート。

界 霧島(右)

繊細な薩摩切子の柄が魅力。

表札

照明

界 雲仙

長崎ビードロ(ガラス)のライト。

アメニティー

和漢生薬成分を用いた界のアメニティー。広めの洗面台でゆっくりと全身のスキンケアを。

界 松崎(上)

松崎和紙のあかりとり。

界 伊東(中)

切り絵作家が手がけた「こもれび行灯」。

界 由布院(下)

七島藺で編み上げた「蛍かご照明」。

まるで雲の上のような寝心地 ふわくもスリープマットレス

界のマットレスは1926年創業の日本ベッド製。「何度も改良を重ねて良いものを作る」という信念のもと、界の要望「布団のように肩が丸く、ふんわり感があり、さらに空間を邪魔しない厚み30㎝以下」のマットレスを開発。包まれるような寝心地。

2 ご当地楽

宿でくつろぎながら気軽に参加できるのが、館内で毎日行われる「ご当地楽」です。伝統芸能、食文化、伝統工芸といった地域の特徴的な魅力を、スタッフがおもてなしのひとつとしてオリジナルの演出で披露します。日本再発見の楽しい時間です。

グルメ
Gourmet

界 遠州

美茶楽《びちゃらく》のおもてなし

静岡県の茶のおいしさを、季節ごとの利き茶体験などで紹介する。

界 アルプス

囲炉裏でディープな田舎体験

囲炉裏ではおやきなど季節のおもてなしを用意。心和むひとときき。

界 別府

湯治ジャグバンド

法被をまとったスタッフバンドが温泉と桶を使って生演奏を披露。

エンタメ
Entertainment

界 津軽
津軽三味線生演奏
津軽三味線奏者と界のスタッフによる生演奏。演奏後にプチ体験も。

界 アンジン
アンジン紀行
当地ゆかりの三浦按針の人生を紹介するショートムービーをスタッフが解説。

界 松本
ロビーコンサート
楽都・松本。ロビーで開催されるジャズやクラシックのコンサート。

界 玉造
石見神楽
神話・ヤマタノオロチ伝説を題材にした神楽を勇壮な舞で紹介する。

界 加賀
加賀獅子舞
民俗芸能・加賀獅子を独自にアレンジした迫力ある演舞を披露。

界 出雲
石見神楽
出雲大社の起源となる神話「国譲り」の神楽を海辺の舞台で披露。

界 霧島
天孫降臨ENBU
神々に扮したスタッフが、太鼓や神楽鈴を使って天孫降臨を表現。

界 ポロト

イケマと花香の魔除けづくり

アイヌ民族の魔除けの植物・イケマを用いたお守りづくり。

界 鬼怒川

益子焼ナイト

「益子焼マイスター」が益子焼の特徴や歴史、器の楽しみ方を紹介。

界 箱根

寄木CHAYA

箱根寄木細工の秘密を紙芝居形式で紹介。有料でコースター作りも。

界 伊東

椿油づくり体験

椿の種を専用機で搾って椿油を作る。出来立ては瓶詰めして土産に。

クラフト

Craft

界 由布院

わら綯《な》い体験

農閑期の手仕事・わら綯い。わらを手で捻ってお守りを作る。

界 仙石原

表現を楽しむ彩り手ぬぐい

アトリエライブラリーでオリジナル手ぬぐいの絵付け・色付け体験。

カルチャー

Culture

界 長門

大人の墨あそび

伝統の赤間硯で墨をすり、扇子形の和紙に好きな絵や文字を綴る。

界 阿蘇

マイ・カルデラづくり

ご当地ドリンクをカルデラBARで味わいながら阿蘇の自然を学ぶ。

界 雲仙

活版印刷体験〜凹凸の魅力〜

活版印刷の歴史を紙芝居で紹介。活版と印刷機を使ってカード作りも。

界 KAI を楽しむ6つのキーワード

3

日本旅会席

「心に響く日本旅会席」をテーマに、その季節、その土地の食材や調理法を活かした創作料理が味わえます。食事処にはプライベートを重視した半個室やひとり旅に人気のカウンター席などを用意。器を愛で、地酒なども味わいながら楽しい時間を。

海の幸

❶

❷

❸

❹

❺

界 ポロト …❶

特別会席のメインは、道産の名物を盛り込む毛蟹と帆立貝の醍醐鍋。

界 津軽 …❷

秋冬の特別会席は、まぐろの名産地・大間のまぐろづくし会席。

界 伊東 …❸

金目鯛の椿蒸しは、姿蒸しを椿油で仕上げる香り豊かな一品。

界 玉造 …❹

郷土料理の調理技法で蒸し上げる「活松葉蟹の杉板奉書蒸し」。

界 遠州 …❺

秋冬の「ふぐづくし会席」。トラフグは香り、旨み、歯ごたえが特徴。

山の幸

界 鬼怒川 …❶

猪肉とサクラマスを味わう桜牡丹鍋。
冬から春にかけての特別会席。

界 霧島 …❷

季節の会席のメインは「黒豚しゃぶしゃぶ」。カツオだしで味わう。

界 由布院 …❸

特別会席・山のももんじ鍋。穴熊、鹿、猪、牛肉をスッポンだしで。

ご当地朝食

界 阿蘇 …❶

巻いた青ネギを酢味噌で味わう郷土料理や南関あげの味噌汁など。

界 仙石原 …❷

小田原名物のかまぼこ、つくね芋ステーキなど山海の幸がそろう。

界 アンジン …❸

按針の故郷・英国の「スコッチブロス」をヒントにした野菜スープ。

界 出雲 …❹

神様に献上する食事を模した神饌（しんせん）朝食は特別な朝に。

4

うるはし現代湯治

「界の湯守り」は、温泉の泉質や自然環境などの知識を持つ温泉の案内人です。各施設で、効果的で楽しい入浴方法を「温泉いろは」というプログラムで紹介します。温泉の効果を高める「現代湯治体操」も要チェック。こちらも「ご当地色」が満載です。

温泉いろは

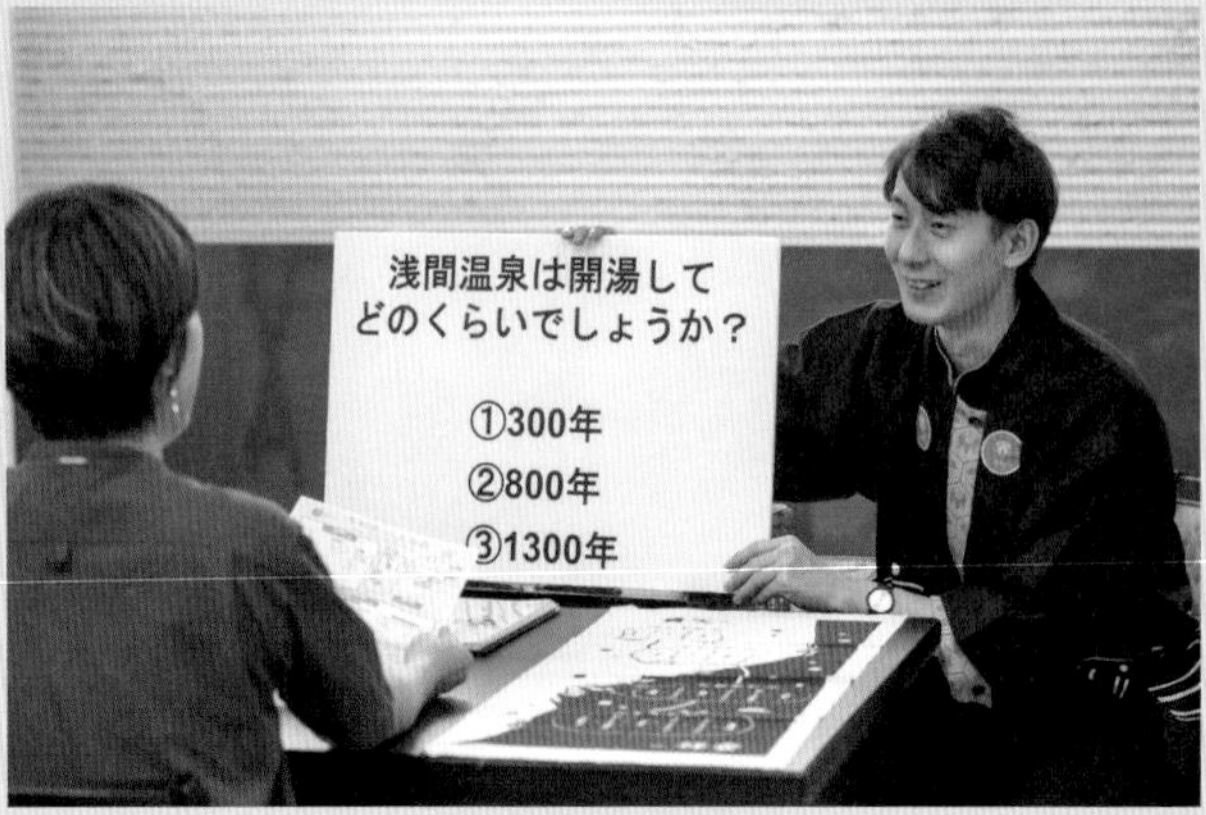

界の湯守りが紙芝居などで温泉地の歴史や泉質紹介、入浴アドバイスを行う。

社内認定「湯守りプロフェッショナル」のバッジが胸に光る。

界 松本では「温泉いろは」参加者に、八種十三通りの入浴ルートが描かれた手ぬぐいの進呈もある。

温泉の温度や浴室の衛生環境などをこまめにチェック。

「温泉いろは」

界の湯守りが、温泉開湯の歴史や泉質の特徴、入浴アドバイスなどを、紙芝居やクイズ、タペストリーなどで紹介。界めぐりが楽しくなる「お湯印帳」も人気です。

全国の界では異なる泉質・異なる湯船で温泉を楽しむことができる。

界 雲仙ではイラストが描かれたタペストリーで、
雲仙温泉の歴史や泉質、入浴法を紹介。

「温泉」と書いて「うんぜん」と読まれていた歴史があるという名湯・雲仙温泉。

界 雲仙では地獄まで歩き、地熱利用の給湯設備「燗(かん)付け」を紹介。

参加プレゼント！

界めぐりの友となる

「お湯印帳」

界めぐりを楽しむアイテム。温泉地名とご当地のモチーフが表現されたスタンプ「お湯印」を集められる。泉質やその特徴を紹介し、湯守りのこぼれ話も。温泉滞在の覚書欄も充実。

界では湯上がり処にご当地ドリンクを用意。入浴前後に水分補給を。

現代湯治体操

界 津軽。「津軽四季の体操」から、全身を伸ばす「夏のねぶた」ポーズ。

界 松本。「青空体操」から、「大地と青空をつなぐポーズ」。脚・背中・脇と全身を伸ばす。

バランス感覚を調整！

界 玉造。「奉納相撲体操」から「四股のポーズ」。下半身の筋力強化に。

界 アンジン。「海辺の体操」から「カモメのポーズ」でリラックス。

界 阿蘇。「カルデラ体操」から「天を仰ぎ阿蘇の大地を感じるポーズ」。

界では、温泉の効果を高める「現代湯治体操」を毎朝開催。呼吸法やストレッチなどで血流の改善を促します。各施設でご当地の体操名とポーズ名が付いているなどユニーク。参加すればリフレッシュするだけでなく、旅の思い出も増えるはずです。

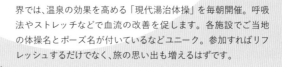

温泉コラム

泉質いろいろ10

温泉に含まれる化学成分の種類とその含有量によって、温泉の泉質は決められます。大きく10種(単純温泉、塩化物泉、炭酸水素塩泉、硫酸塩泉、二酸化炭素泉、含鉄泉、硫黄泉、酸性泉、放射能泉、含よう素泉)に分類。

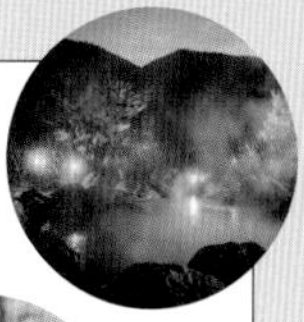

1 【単純温泉】

一言で言うと? 家族の湯、美肌の湯

日本で最も多い泉質。成分が単純なのではなく、含有成分の量が一定に達していないものをいう。濃すぎないため、刺激が少なく、赤ちゃんから年配者まで万人に愛される。

2 【塩化物泉】

一言で言うと? 温まりの湯、傷の湯

海水の成分に似た食塩を含む。入浴後、肌についた食塩が汗の蒸発を防ぐため、保温効果が高い。保湿効果もあり肌が潤う。殺菌効果も。高齢者、病後の回復期に最適の温泉。

3 【炭酸水素塩泉】

一言で言うと? 美肌の湯、清涼の湯

アルカリ性の泉質で、重炭酸土類泉、重曹泉の2種類がある。入浴後は清涼感があり、「冷の湯」と呼ばれる。皮膚をなめらかにするため「美肌の湯」ともいわれる。

4 【硫酸塩泉】

一言で言うと? 傷の湯

カルシウムを含む石膏泉、ナトリウムの芒硝泉、マグネシウムの正《せい》苦《く》味《み》泉《せん》に分けられる。ナトリウムは保温効果、マグネシウムは血圧を下げ、傷の痛みを緩和。動脈硬化の予防にも。

5 【二酸化炭素泉】

一言で言うと? 心臓の湯

二酸化炭素(炭酸ガス)を含む温泉。炭酸ガスは皮膚から吸収され血管の拡張が強まるので血圧が下がり、高血圧や心臓病に効果がある。低温の割に保温効果が高いのが特徴。

6 【含鉄泉】

一言で言うと? 婦人の湯

鉄分を含むため、飲用すると貧血に効果がある。浴用では体を温めるため、冷え性、更年期障害、月経障害などに効果的。湧出時は無色透明で酸素に触れると茶褐色(鉄錆色)に。

7 【硫黄泉】

一言で言うと? 生活習慣病の湯

ゆで卵が腐ったような硫化水素ガス特有の匂いがある。血管を拡張させる作用があり血圧が下がるので、高血圧や動脈硬化症に効く。メラニンを分解する働きでシミ予防に効果。

8 【酸性泉】

一言で言うと? 皮膚病の湯

酸性度の高い温泉。肌に染みる強い刺激があり、肌が弱い人は湯ただれを起こす場合も。抗菌力があり、アトピー性皮膚炎をはじめ、慢性的な皮膚病の治療などに利用される。

9 【放射能泉】

一言で言うと? 痛風の湯

微量の放射能を含みラジウム泉、ラドン泉とも呼ばれる。入浴後はすぐに排出されるので心配ない。腎機能が改善され、痛風(高尿酸血症)を適応症にもつ唯一の泉質。

10 【含よう素泉】

一言で言うと? 体質改善の湯

よう素は殺菌作用があり、うがい薬や傷薬に使われる。甲状腺ホルモンの主要な成分で、代謝を促進。飲用適応症に高コレステロール血症がある。薄黄色に色づき、薬臭がする。

界 伊東
（静岡県・伊東温泉）

ナトリウム・カルシウム—塩化物・硫酸塩温泉（弱アルカリ性低張性高温泉）、pH8.2。(泉)は切り傷、末梢循環障害、冷え性、うつ状態ほか。

界 遠州
（静岡県・舘山寺温泉）

ナトリウム・カルシウム—塩化物強塩温泉（弱アルカリ性高張性低温泉）、pH7.8。(泉)は神経痛、筋肉痛、切り傷、やけど、慢性皮膚病ほか。

界の泉質【東日本編】

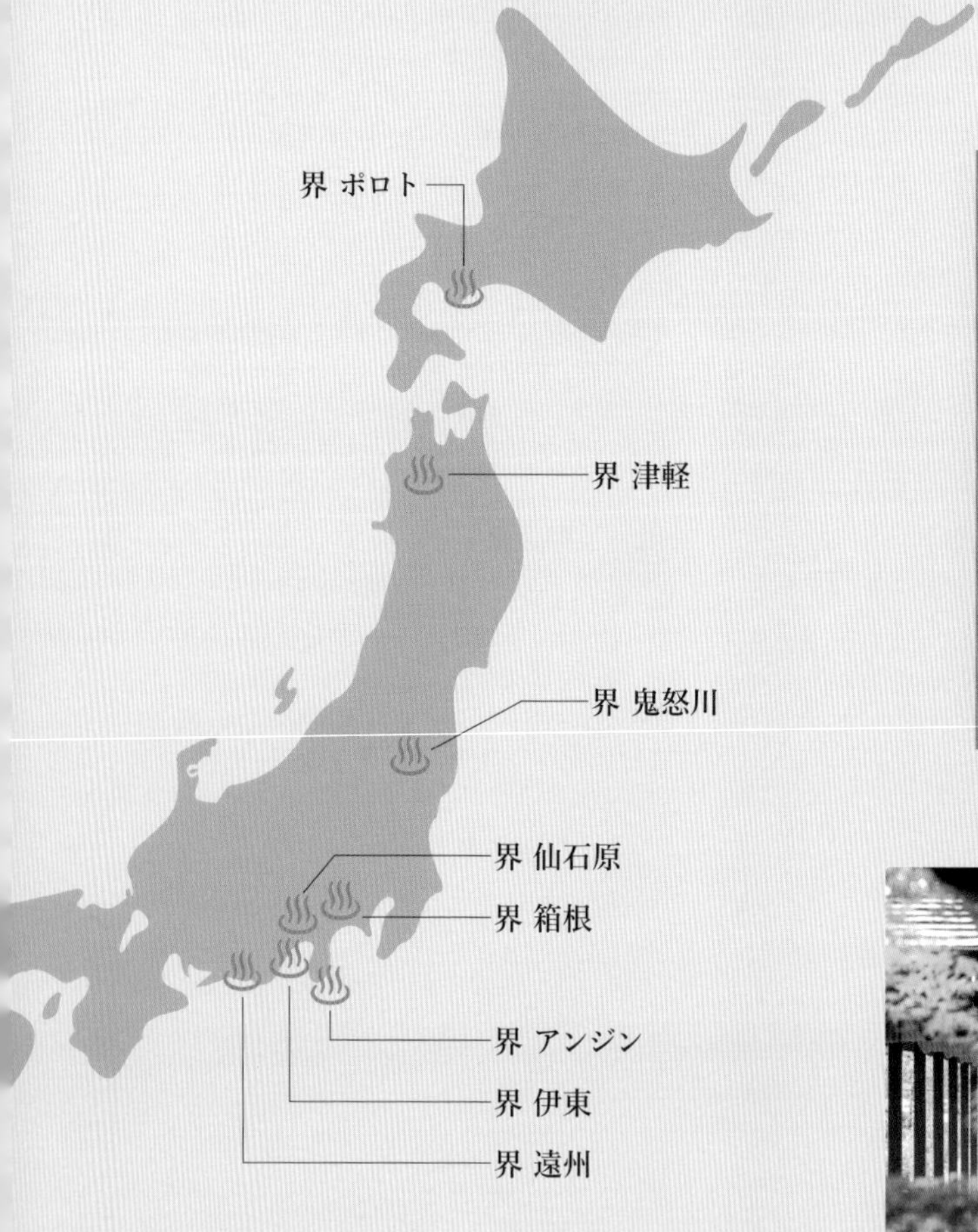

一般的適応症とは、泉質別適応症とは

泉質名が付く療養泉には、泉質ごとの適応症があります。適応症は、泉質を問わず共通する「一般的適応症」と、泉質によって定められた「泉質別適応症」があります。

界 ポロト
（北海道・白老温泉）

単純温泉（弱アルカリ性低張性温泉）、pH7.8。(泉)は自律神経不安定症、不眠症、うつ状態。湖に面した空間で珍しいモール温泉を楽しめる。

界 津軽
（青森県・大鰐温泉）

ナトリウム―塩化物・硫酸塩泉（低張性中性高温泉）、pH7.38。(泉)は切り傷、末梢循環障害、冷え性。古くから湯治場として知られた湯。

界 鬼怒川
（栃木県・鬼怒川温泉）

アルカリ性単純温泉（アルカリ性低張性高温泉）、pH9.0。(泉)は自律神経不安症、不眠症、うつ状態。火傷は滝（鬼怒川）と謳われる名湯。

界 仙石原
（神奈川県・仙石原温泉）

酸性―カルシウム―硫酸塩・塩化物温泉（酸性低張性高温泉）、pH2.0。殺菌作用のある微白濁湯。(泉)はアトピー性皮膚炎、尋常性乾癬、糖尿病。

界 箱根
（神奈川県・箱根湯本温泉）

ナトリウム―塩化物泉（アルカリ性低張性高温泉）、pH8.5。(泉)は切り傷、やけど、慢性皮膚病ほか。四季の風景が半露天風呂で楽しめる。

界 アンジン
（静岡県・伊東温泉）

アルカリ性単純温泉（アルカリ性低張性高温泉）、pH8.5。(泉)は自律神経不安症、不眠症、うつ状態。大海原を望む絶景の大浴場と露天風呂。

(泉)＝泉質別適応症

美肌の湯とは

美肌効果が感じられる温泉があります。炭酸水素塩泉（クレンジング）、硫酸塩泉（肌の蘇生）、硫黄泉（シミ予防）、pH7.5以上アルカリ性単純温泉（クレンジング効果）など。不要な角質をとる働きで肌がツルツルに。単純温泉は、pH7.5以上は弱アルカリ性単純温泉、pH8.5以上はアルカリ性単純温泉といいます。

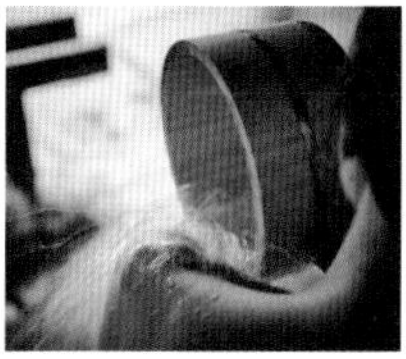

界 雲仙
（長崎県・雲仙温泉）

酸性-含鉄（II、III）－単純温泉（酸性低張性高温泉）、pH2.8。(泉)は自律神経不安定症、不眠症、うつ状態、アトピー性皮膚炎。

界 霧島
（鹿児島県・霧島温泉）

単純硫黄温泉（硫化水素型）（弱酸性低張性低温泉）、pH5.6。(泉)は自律神経不安定症、不眠症、うつ状態、アトピー性皮膚炎など。

界の泉質【西日本編】

界 松本
(長野県・浅間温泉)

アルカリ性単純温泉(アルカリ性低張性高温泉)、pH8.9。(泉)は自律神経不安定症、うつ状態、不眠症。立湯など8種13通りの入り方が楽しめる。

界 アルプス
(長野県・大町温泉郷)

アルカリ性単純温泉(アルカリ性低張性高温泉)、pH7.5。(泉)は神経痛、筋肉痛、冷え性、疲労回復など。アルプスの山々がもたらす恵の湯。

界 加賀
(石川県・山代温泉)

ナトリウム・カルシウム―硫酸塩・塩化物温泉(弱アルカリ性低張性高温泉)、pH7.9。(泉)は切り傷、末梢循環障害、冷え性、うつ状態など。

界 玉造
(島根県・玉造温泉)

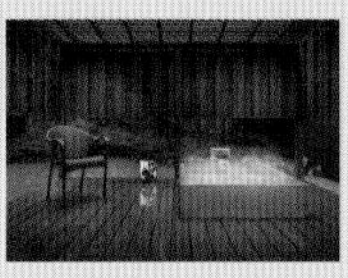

ナトリウム・カルシウム―硫酸塩・塩化物温泉(弱アルカリ性低張性高温泉)、pH8.5。(泉)は冷え性、末梢循環障害、胃腸機能の低下ほか。

界 出雲
(島根県・出雲ひのみさき温泉)

ナトリウム―塩化物強塩泉(高張性中性低温泉)、pH6.8。(泉)は神経痛、筋肉痛、末梢循環障害、冷え性、疲労回復、自律神経不安定症ほか。

界 長門
(山口県・長門湯本温泉)

アルカリ性単純温泉(アルカリ性低張性低温泉)、pH9.9。(泉)は自律神経不安定症、不眠、うつ状態。肌をなめらかに整えるアルカリ性。

界 別府
(大分県・別府温泉)

ナトリウム―塩化物・炭酸水素塩泉(中性低張性高温泉)、pH7.4。(泉)は切り傷、末梢循環障害、冷え性、うつ状態、皮膚乾燥症。別府八湯の一つ。

界 由布院
(大分県・由布院温泉)

弱アルカリ性単純温泉、pH7.4。(泉)は自律神経不安定症、不眠症、うつ状態。由布岳の四季折々の景色とともに湯浴みができる。

界 阿蘇
(大分県・瀬の本温泉)

弱アルカリ性単純温泉(弱アルカリ性低張性温泉)、pH7.7。(泉)は自律神経不安定症、不眠症、うつ状態。客室の露天風呂で森林浴。

(泉)=泉質別適応症

教えて先生！

現代湯治・温泉旅行のススメ

東京都市大学人間科学部 教授
温泉療法専門医、博士（医学）
早坂信哉さん

「現代湯治とは？」「一泊の温泉旅行でも心身にいい？」「オススメの過ごし方は？」など、界の「うるはし現代湯治」の監修も行う、温泉療法専門医の早坂先生に、温泉と温泉旅行のあれこれをうかがいました。

現代湯治とは？

湯治は昔から「七日一回り、三回りを要す」といわれるように、三週間（＝三回り）の温泉療養が効果的です。ですが忙しい現代人は、なかなか長期の休みは取りづらいものです。とはいえ、温泉旅館滞在はたとえ一泊でも、心身を癒やし、元気な気持ちにさせてくれます。

私は温泉療法専門医として、現代人のライフスタイルにあった界の本格的な湯治体験「うるはし現代湯治」を監修しています。一泊二日でも湯治体験が可能なプログラムを、全施設で各地の泉質や効能に基づいて提供しています。各施設オリジナルの「温泉いろは」で正しい温泉入浴を学べることはもちろん、ご当地楽や地域の歴史文化、伝統工芸などを体験することで、忙しい日々で疲労した心と身体を整え、明日への活力を生み出すプログラムです。

海と山、どちらの温泉がいい？

森林の温泉は、木々の緑による心理的安らぎが得られやすく、そよ風や川のせせらぎがあればなお、心を落ち着かせます。海辺の温泉地は、夏涼しく冬暖かく、潮風に含まれる海水の細かな粒子はミネラルが豊富です。緊張感から解放される海や山の絶景もいいです。環境が変わることで五感が研ぎ澄まされ、ふだんは見えていないもの、聞こえていないものと出会えることでリラックスします。

温泉の効果と無理のない入浴法

温泉の素晴らしさはまずは温浴効果。体があたたまり血管が広がり血行がよくなることで血中の酸素濃度が上がり、二酸化炭素を排出。老廃物を追い出すことで体がリフレッシュします。もちろん温泉そのものの力は計り知れない。そこに温泉地の文化や心地よい自然環境が加わることで、転地作用により心身の凝りが解きほぐされます。

入浴アドバイスとしては、無理をしない、欲張らないこと。入浴は1日3回程度にすること。そして入浴前後に水分補給を行うこと。40度の湯に10分浸かった場合、体から500～800㎖の水分を放出します。体内の水分が抜けると血栓ができやすく、心筋梗塞や脳梗塞を招く恐れがあり、客室や湯上がり処での入浴前後の水分補給は必ず行いましょう。

大きな湯船のリラックス効果

温泉旅館の大浴場のような広い浴室の大きな湯船に浸かると、リラックスした時に表れるα波が出ることが研究結果からわかっています。湯船から上がった後も長時間、入浴の好影響は続いて心身ともに安定。リラックスし、かつ血流が良い状態が続くと、体の代謝が活発になり、免疫機能がアップして病気を予防するといわれます。大自然の恵みと個性あふれる温泉、そして旅館スタッフのもてなしの中で、心身のエネルギーをチャージしましょう。

「うるはし現代湯治」滞在スケジュール例

〈1日目〉

15:00	チェックインし客室で一息
16:00	界の湯守りが開講する「温泉いろは」で入浴法や呼吸法を知る。その後、入浴や湯上がりを楽しむ
17:30	夕食、季節を感じる会席料理。夕食後は「ご当地楽」に参加
21:30	ぬるめの温度で入浴、瞑想
22:00	界の温泉マッサージでリラックスし、副交感神経を優位な状態にし、睡眠へ

〈2日目〉

6:00	起床、目覚めの水分補給、栄養補給
7:00	界の湯守りによる「現代湯治体操」で深呼吸とストレッチ
8:00	露天風呂で朝日を見ながら入浴し覚醒
9:00	朝食、ご当地朝食で活力アップ
10:00	現代湯治ウォーキングで周辺散策
11:00	トラベルライブラリーで情報収集
12:00	すっきりした気分でチェックアウト

はやさかしんや

自治医科大学医学部卒業後、地域医療に従事。自治医科大学大学院医学研究科修了。現在は東京都市大学人間科学部 教授、一般財団法人日本健康開発財団温泉医科学研究所所長を務める。博士(医学)、温泉療法専門医。宮城県出身。

界を楽しむ6つのキーワード

5

手業のひととき

ご当地楽の進化版として2021年に誕生した体験プログラムです。旅館内あるいは工房などで、職人・作家・生産者と一緒に地域の魅力（伝統工芸、食、伝統芸能）を深掘りします。有料・プライベート制で行う本格体験。

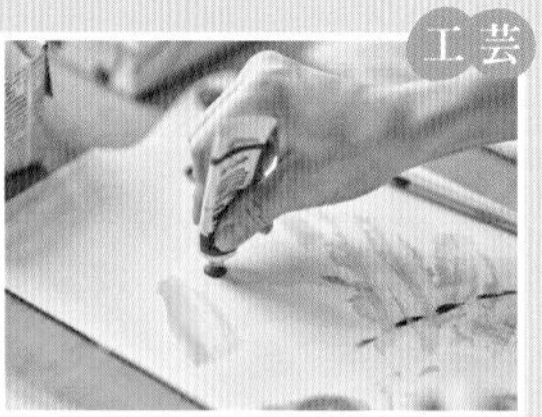

界 仙石原（P138～）

仙石原の自然をテーマにしたアート制作体験

界 箱根（P40～）

箱根寄木細工職人の工房を訪ねるツアー

界 松本（P156～）

個性溢れるブティックワイナリーで時代を紡ぐ醸造家の世界観を知る収穫・試飲体験

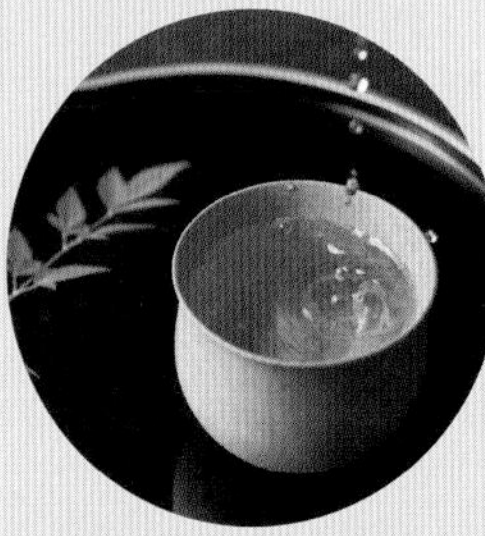

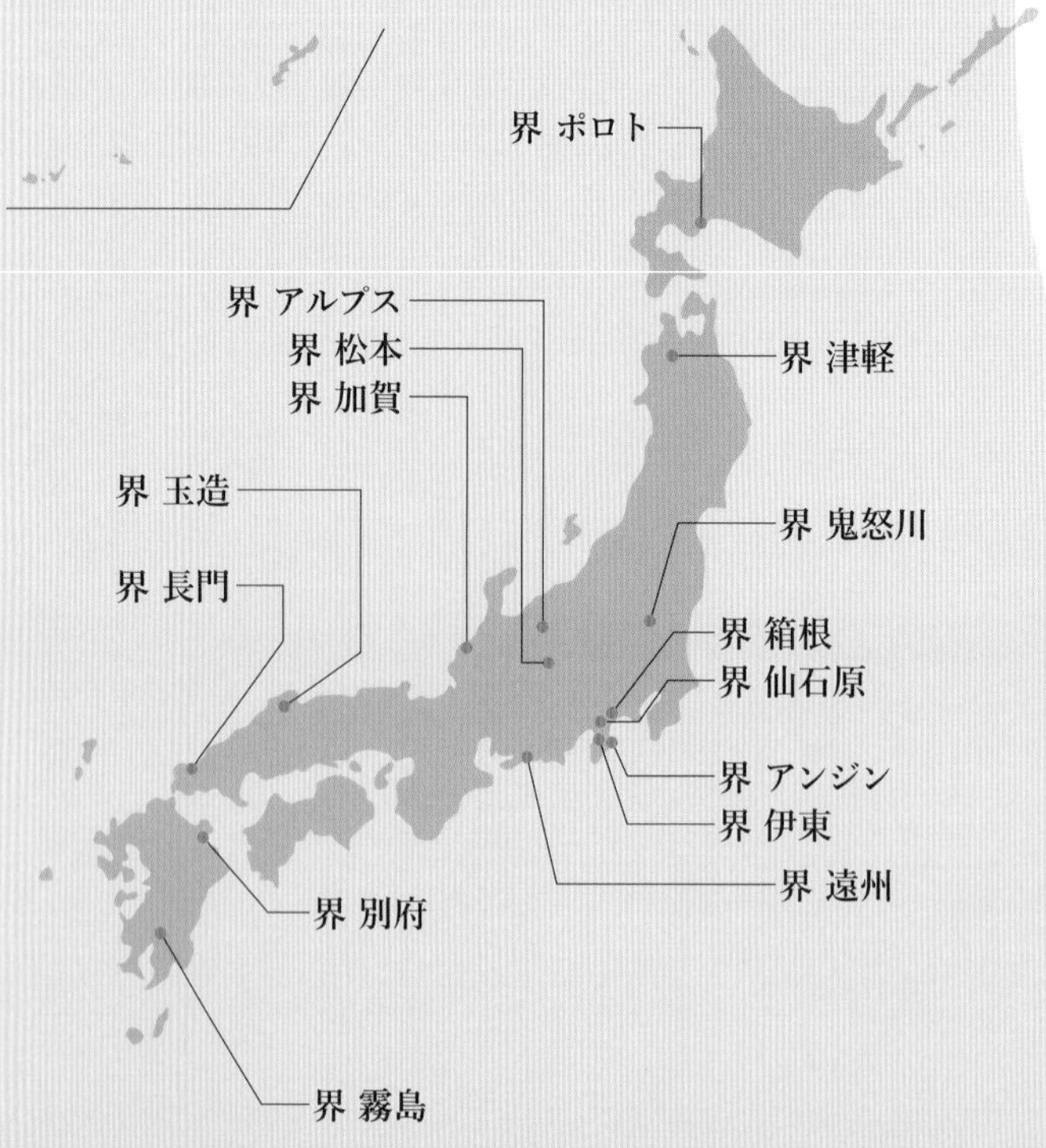

界 ポロト（P188～）

アイヌ伝統歌
「ウポポ」を奏でるひととき

界 津軽（P56～）

津軽三味線の達人技に
触れる体験

界 鬼怒川（P24～）

200年の歴史を継ぐ、黒羽藍染の
若手職人による工房ツアー

界 アンジン（P162～）

伊豆の恵みで育む
クラフトビールのブルワリー探訪

界 伊東（P144～）

伊豆に伝わる
「つるし飾り」づくり体験

界 遠州（P16～）

自然の恵みをまるごと感じる
新茶摘みと製茶体験

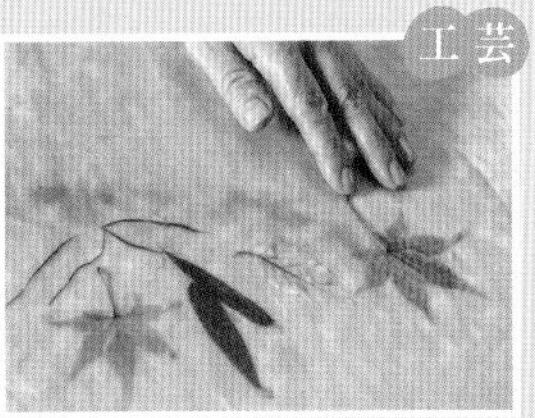

界 アルプス（P168～）

豊かな水に育まれた伝統工芸
「松崎和紙」で水うちわづくり体験

界 加賀（P48～）

山中塗の木地師があつらえた
無垢の酒器で日本酒を味わう体験

界 玉造（P32～）

蔵元から教わる
美味しい日本酒の飲み方

界 長門（P178～）

赤間硯職人と行う
硯づくり

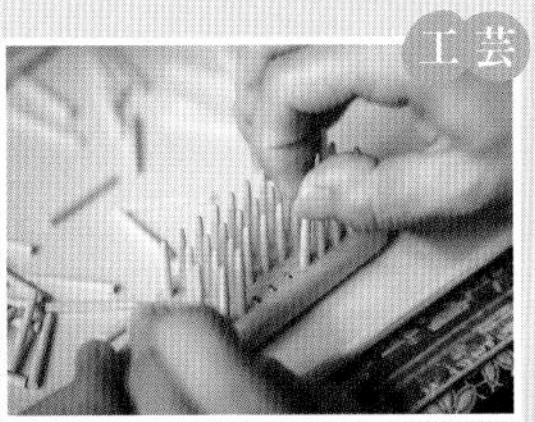

界 別府（P150～）

別府つげ細工職人と行う
一生モノのつげブラシ作り

界 霧島（P64～）

杜氏から教わる本格焼酎と
醸造蔵見学

6

ニーズに合わせた旅の提案

70歳以上限定「温泉めぐり　界の定期券」と20代に向けた「界タビ20s」という滞在プラン。前者は「温泉を楽しみたい！でも宿の手配は面倒」というシニア世代の旅を後押しし、後者は「温泉旅館は初体験」という若者を割安の宿泊料金で応援します。

70歳以上限定の温泉サブスク 「温泉めぐり　界の定期券」

70歳以上限定のプランが2022年に誕生しました。毎年早期完売している「温泉めぐり　界の定期券」は、定額料金で12泊の界の温泉旅を楽しめる温泉旅館のサブスクリプションです。

最大4泊までの連泊や転泊ができるほか、同行者一人までは70歳未満が可能です。早期購入で「手業のひととき」一回分の無料招待券が付きます。

第一期購入者のアンケートによると、購入理由トップ5は次の通り。「界に泊まれるから」「いろいろな場所に泊まれるから」「料金がお得だから」「一人でも宿泊できるから」「温泉が好きだから」。

界ではお客様調査から、「旅のハードルになり得るのは体力的な不安よりも、宿の予約や交通手配の煩わしさにある」と感じたと言い、担当者は「温泉旅の気軽さを後押ししたい」と話します。

温泉めぐり
界の定期券

全国の界に年間12泊できる「温泉めぐり　界の定期券」

界の定期券第二弾発売～70歳以上の温泉旅を応援～
70歳以上限定　年間12泊
温泉めぐり　界の定期券

「温泉めぐり　界の定期券」の利用期間や料金、詳細は公式サイトへ。

公式サイト　https://hoshinoresorts.com/jp/sp/onsentabi/kaiteiki/

わたし、みたす、21時間温泉滞在

「界タビ20s《トゥエンティース》」

若い世代の旅を応援する宿泊プラン「界タビ20s（トゥエンティース）」は、20代を主な対象とし、その経済事情を考慮して対象年齢専用の特別料金を設定しています。通年宿泊利用ができて、季節ごとに異なる温泉街の魅力を楽しむことができます。

上／心まで晴れ晴れする開放的な展望大浴場。温泉の効果もじっくりと感じながら(界 アンジン)。中／器も愛でつつ季節の会席料理を楽しむ(界 加賀)。下／客室のテラスでのんびりと。宿を囲む自然の彩りが気持ちを一層落ち着かせる(界 鬼怒川)。

界タビ20sの前身となる「若者旅」は、２０１３年に界でプロジェクトが発足しました。その背景には、星野リゾートの星野佳路代表が２０１２年に出演した番組で、「修学旅行以来、旅をしたことがない」という学生と出会ったことがありました。

若者の旅離れについて、「日本の魅力は地域にあり、将来を担う若い方に知見を広め、豊かな人生経験ができる旅のよさを知ってほしい」との思いを、同世代スタッフが共感して企画がスタート。

「温泉旅館で、地域の伝統工芸品を設えた空間や和の客室での過ごし方、会席料理などを若いうちから体験することで日本の良さを感じてもらいたい」

プロジェクト発足以来、累計利用人数は5万人を超えています。２０２２年4月より、成人年齢が20歳から18歳に引き下げられたことから対象年齢の変更が行われました。

「界タビ20s」の利用は18歳〜29歳、1泊2食付き1人1万９０００円（1室2人利用時1人あたり、サービス料・税込み、入湯税別、2人から予約可能）。プラン詳細は公式サイトへ。

次のページでは、現場でお客様を迎える20代のスタッフに「界タビ20s」の手ごたえなどを伺いました。

公式サイト　https://hoshinoresorts.com/jp/sp/kaitabi20s/

日本をもっと知りたい！

界タビ20s・若手スタッフ座談会

わたし、みたす、21時間温泉滞在

Q どういう方が利用していますか？

佐藤　春は卒業旅行など学生さんの利用がありますが、界タビ20s《トゥエンティース》全体では20代後半、社会人のご利用が多いです。

島田　外にお出かけになるより、館内で過ごされる方が多い印象です。「普段は仕事に追われているので、界ではゆっくり過ごせてリフレッシュできた」というお声をよくいただきます。

長谷見　以前はもう少しアクティブな滞在を想定していましたが、ニーズに合わせてプランの見直しが行われました。現在は「わたし、みたす、21時間温泉滞在」というコンセプトで、チェックインからアウトまでお客様各自のスタイルでお楽しみいただけるよう工夫しています。

メンバーは2020年入社の同期組。左から界 アンジンの佐藤明香里さん、界 伊東の長谷見優花さん、界 アンジンの島田彩歌さん。佐藤さんは1年目の「星のや竹富島」勤務で日本文化に目覚めたと言い、長谷見さんは「日本、特に伊豆が好き」という帰国子女、島田さんは「古き良き温泉街の風景に癒やされます」と話します。

Q 界に初めて泊まる方が多い？

佐藤　「お得な界タビ20s料金で星野リゾート初体験」と仰っていただくことはよくあります。私自身も入社前は、「星野リゾート＝高級旅館」のイメージがありましたから共感できます。

長谷見　大学時代、先輩が界タビ20sの話をしていたことを覚えています。界タビ20sの存在を知る20代は結構います。

島田　知った理由が料金であったとしても、ご利用後にリピートしてくださるお客様は多い。以前、界タビ20sで宿泊された方が次はご両親と、その次は三世代と再訪してくださり感動しました。

温泉旅館「界」だからできること

Q 界に泊まる魅力はズバリ?

島田　滞在を通してご当地の魅力が体感できるところです。食事、歴史文化、温泉、温泉街の風景など、五感でお楽しみいただけます。

長谷見　界では設えや季節のおもてなし、ご当地楽《がく》など積極的に日本文化をご紹介しています。紹介の仕方は自分たちで考えるのが界の特徴です。

佐藤　会社として「温泉旅館文化を残していく」ことを使命にしていると感じます。その入り口が界であり、きっかけが18歳から利用できる界タビ20sだとしたら、すごいと思います。私は星野リゾートの「旅は魔法」という言葉に刺激を受けて入社しました。いろいろなことを、旅は魔法のようにもたらします。

日本をもっと知りたい!

島田　プライベートで旅館に泊まることが多くなりました。SNSでの温泉街の風景に癒やされて「日本に生まれたからには日本の素晴らしさをもっと知りたい」という思いが募ります。

長谷見　自分も含め20代はきっと、素敵なものに背伸びしてでも憧れる年頃。インスタグラムを見て宿を選んだり、投稿も積極的で、感動した宿や旅をシェアしたり。だから界でも、見た目・内容ともこだわって提案したいです。

佐藤　大学時代は海外旅行ばかりしていて、それがコロナ禍はすべてダメに。でもそれが日本に興味を持つきっかけになりました。自分が知らない地域、食、文化、体験がたくさんあります。全国の魅力に触れたいし、同世代から「界をきっかけに温泉旅館や国内旅行に目覚めた」なんて言ってもらうと、仕事のやりがいを感じてうれしい気持ちになります。

上／人気の界 アンジン。アクセスの良さと空間演出が魅力。下／足湯で楽しいおしゃべり(界 伊東)。

界の茶処

新茶の滞在プランがある界 遠州や界 霧島をはじめ、界では全施設で客室や湯上がり処に通年「ご当地茶」を用意しています。ここでは四つの施設に注目し、立ち寄りたい銘茶店もご紹介。界めぐりをしながら「日本茶再発見の旅」へ出かけましょう。

ティーペアリングコース

日本屈指の茶処・静岡県にある界 遠州は、「煎茶」をテーマにする温泉旅館です。ティーセラーをはじめ、利き茶などの「ご当地楽《がく》」で静岡茶が通年楽しめます。

毎年新茶のシーズンには、新茶摘みと製茶体験を行う「手業のひととき」を開催するほか、新茶を含む静岡県の茶を味わい尽くす「静岡新茶侘《わ》び茶日《さび》滞在」を開催（P23参照）。

茶葉を自分でブレンドする静岡新茶合組体験や、「遠州つむぎの間 茶処リビング付き特別室」で楽しむ3種の新茶、夕食は和会席にあわせたティーペアリングコースを堪能できます。

茶の産出額では近年全国一位を誇る鹿児島県には、霧島茶の産地である霧島市に界 霧島があります。

こちらでは新茶の時期に「霧島茶三昧プラン」を実施し、新茶を含む8種の霧島茶（ゲンセン霧島茶）をスタッフが各茶を最適な淹れ方で提供し、それらを県内焼酎蔵7社の焼酎と組み合わせるなど新発想のスタイルで提供します。

このプランではほかに、茶農家での新茶摘みと釜炒り茶体験を行い、茶園の絶

界 霧島で新茶シーズンに開催する霧島茶三昧プラン。舞台は霧島連山山麓の茶畑。

景テラスで「新茶と熟成茶の飲み比べ」も行っています。

茶の湯体験や和菓子作りも

北陸は石川県の「加賀・能登」で茶といえば「棒茶」です。山代温泉の界 加賀では、加賀棒茶を提供しています。棒茶は茶の茎の部分を焙煎した「ほうじ茶」で、芳ばしい香りと自然な甘みが特徴です。上質な茎の部分を使って石川県で生産されるものを「加賀棒茶」と呼ぶそうです。宿には文化財の茶室があり、スタッフによる呈茶を開催（P54参照）。

山陰の島根県松江市にある界 玉造にも茶室があり、こちらは師範による三斎流でのもてなしが受けられます（P39参照）。松江は松江藩七代藩主・松平不昧《ふまい》公ゆかりの地で、藩主自らが茶道を奨励したことで茶処や和菓子店が今も多く集まります。宿では、老舗の和菓子職人が監修する和菓子作りもできます。

全国の界では、トラベルライブラリーや湯上がり処で「ご当地茶」を提供します。例えば長崎県の界 雲仙では宿泊棟に隣接する湯小屋の湯上がり処で、橙の乾皮を配合した橙ほうじ茶を提供。香りよくスッキリした味わいに癒やされることでしょう。ご当地茶は、入浴前後の水分補給にもオススメです。客室に用意される地域色香る飲み物も要チェックです。

上／界 遠州で提供される冷茶。中・下／界 玉造の茶室では、三斎流や裏千家の亭主がお点前を披露する。上生菓子も味わいながら楽しいひととき。

界 伊東の客室で味わえる「ぐり茶」などの飲み物。界では客室や湯上がり処に、入浴前後、就寝前、起床後など、滞在シーンに適した飲み物を用意する。

界 遠州から まるたま製茶

茶の栽培と製造販売、ワークショップを行う。敷地内にあるカフェ兼直売所・まるたま茶屋(写真)は、茶農家の姉妹が営み、季節の厳選静岡茶を見た目もかわいいスイーツメニューとともに提供する。子ども連れも居心地のいい畳の小上がりを用意。細やかなもてなしがうれしい。https://marutamaseicha.com

界 伊東・界 アンジンから 市川製茶

伊東名産「ぐり茶」を長年作る1919年創業の老舗。ぐり茶は勾玉の形「屈輪(ぐり)」に由来する蒸し製玉緑茶で、甘みが強く、何煎も楽しめる。本店すぐに工場を構え、三代目の市川正樹さんがおいしいお茶づくりに励む。界 伊東の客室でも味わえる。https://www.guricha.jp

界 加賀から 上林金沢茶舗

宇治御茶師・上林春松の流れを汲む老舗で、金沢市に本店を構える。遠赤外線による自社製法で絶妙な焙じ具合の茶を作る。「百万石 加賀棒茶」「加賀棒茶 鏡花なつめ缶」ほか、加賀玄米棒茶などを製造販売。「上林茶舗 金沢エムザ店」では加賀棒茶ソフトクリームのカフェも。https://kanbayashi-chaho.com

界 玉造・界 出雲から 茶三代一(ちゃさんだい)

出雲市駅から車で2分の場所に本店「微笑庵(みしょうあん)」を構える。熟練ブレンダーが全国厳選茶葉を製品に。「出雲大社 献納銘茶」、抹茶入り「八雲白折」、煎茶、玉露、むぎ茶、くろもじ茶ほか。1911年の創業以来、「ゆとりある生活は一杯のお茶から」をモットーにする。http://www.chasandai.co.jp

界 雲仙から 東坂茶園

「うれしの茶」の産地に隣接する東彼杵町にあり、「そのぎ茶」は蒸し製玉緑茶で近年注目を集める。大村湾を眺める高台の坂本郷に茶園を構え、親子で製造販売。予約で茶園や工場の見学ができる(☎080-5251-1768)。界 雲仙で提供する橙ほうじ茶をはじめ、ブレンドティーも好評。

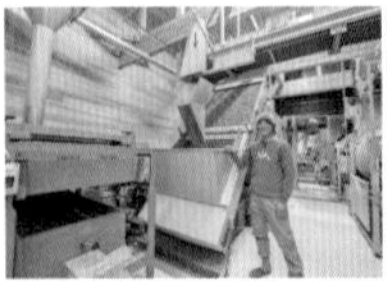

界 霧島から ヘンタ製茶

三代続く茶農家で、霧島茶の製造販売を行う。霧島連山山麓の標高200～300mの無農薬または有機栽培の茶畑で育つ霧島茶は、爽やかな香りが特徴だ。農林水産大臣賞受賞でクルーズトレイン「ななつ星in九州」で提供する特上有機煎茶や霧島抹茶羊羹などが人気。https://www.henta.co.jp

日本茶コラム

茶処いろいろ

茶銘柄の大半に産地名が付きます。茶の商品に製造地の都府県名・市町村名をもって「○○茶」と表示するには、その産地で作られた荒茶を100%使うのが条件。最近は地域名と商品名を組み合わせて、地域団体商標制度に従い認定された「地域ブランド」の茶もあります。特殊な製造・飲み方をする個性派ローカルティーも紹介します。

静岡県・静岡茶
全国屈指の茶産地であり集積地。牧之原台地をはじめ富士山麓、安倍川、大井川、天竜川、太田川流域で特徴ある茶を生産。県民の茶消費量は全国一で突出。
〈**おもな銘柄**〉富士茶、本山茶、安倍茶、岡部茶、藤枝茶、川根茶、島田茶、金谷茶、牧之原茶、掛川茶、菊川茶、天竜茶、浜松茶

埼玉県・狭山茶
狭山丘陵周辺に広がる武蔵野台地が中心。仕上げ加工段階で強く火熱を加えることで「狭山火香」という特有の香気に。渋みの中にも甘味の強い爽やかな茶。

神奈川県・足柄茶
静岡県富士地方に近い足柄地方。山間地特有の良質茶。

茨城県・奥久慈茶
県北の大子町を中心とする山間地の茶で特有の色沢と香気。

新潟県・村上茶
積雪に耐えるために樹形低く仕立てた茶は甘味が特徴。

三重県・伊勢茶
鈴鹿山系北勢地方は伊勢茶の代表産地で、かぶせ茶が多い。宮川流域の南勢地方は深蒸し煎茶の主産地。煎茶中心で茶産出額(生葉・荒茶)は全国第3位。
〈**おもな銘柄**〉水沢茶、鈴鹿茶、亀山茶、わたらい茶

岐阜県・美濃茶
揖斐地方・いび茶、白川町中心・白川茶として産地形成。

愛知県・西尾茶
西尾市、吉良町中心。抹茶原料の碾茶は高い生産量誇る。

京都府・宇治茶
宇治田原町や和束町などを中心として玉露、碾茶など高級茶の産地。府南地方では上級煎茶の生産が行われ、仕上げ加工技術が高く、宇治茶として名が高い。

滋賀県・近江茶
信楽・土山・政所茶で知られ、信楽朝宮茶は香気で有名。

奈良県・大和茶
大和高原一帯の高冷山間地で栽培される香り高い良質茶。

福岡県・八女茶
県南部八女地方全域を中心とする煎茶産地。星野村など山間部では玉露が生産され京都と並ぶブランド産地。八女茶、星野茶、「福岡の八女茶」などの呼称も。

佐賀県・うれしの茶
栄西(ようさい)禅師にちなむ茶伝来の歴史的産地。玉緑茶生産全国1位。

鹿児島県・かごしま茶
霧島連山から牧園周辺、大隅・薩摩半島、薩南諸島と全県的に生産。静岡匹敵の荒茶生産量。南九州市を中心とする薩摩地方など平坦茶園は大型機械化栽培。

熊本県・くまもと茶
人吉球磨地方や中山間地域中心に県全域。煎茶と玉緑茶が生産量を二分。

宮崎県・宮崎茶
高千穂町中心に釜炒り製玉緑茶、霧島盆地では良質煎茶。

個性豊かなローカルティー

石川県・加賀棒茶
茶の茎を焙煎した焙じ茶で香りと琥珀の水色(すいしょく)を楽しむ。

富山県/新潟県・バタバタ茶
黒茶の煮汁を2本の夫婦茶筅でバタバタ振り泡立てて飲む。

島根県・ボテボテ茶
秋刈りの日陰番茶と乾燥させた茶の花を煮出す振り茶。

高知県・碁石茶
蒸古葉を寝かせカビ付けする後発酵茶。完成形が碁石似。

徳島県・阿波番茶
茹でた茶葉をすり潰し数週間乳酸菌発酵させる後発酵茶。

沖縄県・ブクブク茶
煎り米湯・さんぴん茶・番茶を鉢に入れ茶筅で泡立てる。

日本茶探しの道しるべ！　日本茶インストラクターが発信する「日本茶グルメガイド」誕生

日本茶インストラクター協会員が紹介する、全国の「日本茶がおいしくいただけるお店」の検索サイトが誕生しました。日本茶をこよなく愛する全国5000人を超える日本茶インストラクター協会員から投稿された店の口コミ情報が満載です。制作は、NPO法人日本茶インストラクター協会内に設置された日本茶グルメガイド編纂事業委員会。旅先の立ち寄りはもちろん、日常でも「日本茶探しの道しるべ！」にぜひご活用ください。
「日本茶グルメガイド」https://www.nihoncha-inst.com/gourmet/

参考文献『日本茶のすべてがわかる本』、『日本茶インストラクター講座テキスト』(ともにNPO法人日本茶インストラクター協会刊)

教えて先生！

日本茶の歴史をひもとく

（日本茶インストラクターリーダー 佐藤敬子さん）

茶は日本でいつから飲まれているのでしょうか。誰がどこから伝えたのでしょうか。どう利用され、どんな文化をもたらしたのでしょうか。日本人と茶の歴史に詳しい日本茶インストラクターに教わります。

【初めて茶を口にした人物は？】

～神話、古代から平安時代～

人と茶の出合いは約5000年前の中国。伝説上の人物・神農《しんのう》は、人々のために一日に百種近い草を噛《か》んで薬効を確かめ、もし毒を口にしてしまった時は茶の葉を噛んで毒消しにしたと伝えられます。茶は薬として利用され、その後、嗜《し》好品《こうひん》として、中国全土に広がりました。

日本には最澄や空海をはじめ、中国から帰国した僧によって伝わります。

平安時代中期に、中国文化の象徴として上流階級に受け入れられます。また、都に疫病が流行した時、京都六波羅蜜寺《ろくはらみつじ》の空也上人《くうやしょうにん》が、梅干し・昆布とともに茶を振る舞い、疫病除けしたといいます。

しかし、茶は全国に大きく普及することはありませんでした。日本の茶の歴史は鎌倉時代から本格的に展開するのです。

【日本文化を代表する茶の湯誕生】

～鎌倉時代から安土・桃山時代～

鎌倉時代の初め、栄西《ようさい》が中国宋から帰国し、今につながる抹茶を日本に伝えました。栄西は臨済宗の開祖で、福岡に日本初の禅寺・聖福寺《しょうふくじ》を、鎌倉に寿福寺、京都に建仁寺などを開創。初めは、厳しい修行に明け暮れる僧の眠気覚ましとして茶は全国の寺院に広がりました。

やがて禅宗の影響を受けた武家や貴族にも広まり、人々が集う様々な場で利用され、京都の宇治が生産と文化の中心に。

中国伝来の抹茶を、日本人独自の感性で作り上げたのが茶の湯です。安土・桃山時代、堺の商人・千《せんの》利休《りきゅう》は、簡素な狭い空間の茶室に室礼《しつらい》・道具・作法など独特の審美眼で「究極のもてなしの場」を作り、茶会を開きました。茶の湯の持つ深い精神性・高い芸術性、もてなしの心は茶道へと進化し、日本を代表する文化となります。

【急須で淹れる煎茶は日本発祥】
〜江戸時代初期から後期〜

江戸時代初め、中国の僧・隠元《いんげん》が宇治に萬福寺《まんぷくじ》を開き、中国から持ち込んだ釜炒《かまい》り茶《ちゃ》で急須を使う新しい茶の淹れ方を日本に伝えました。茶筌《ちゃせん》で点《た》てる抹茶は濁っているのに対し、急須で淹れる茶は茶液が澄むのが特徴。文人に支持されます。

抹茶の作り方にヒントを得て考案された蒸製煎茶《むしせいせんちゃ》は江戸時代中期、日本人が開発した茶です。時代が、美しく澄んだ茶を求める時、京都・宇治田原《うじたわら》の茶農家・永谷宗円《ながたにそうえん》（永谷園先祖）が、今につながる煎茶製造法を苦労の末に完成させます。

できた茶葉は緑色に撚《よ》れ、急須に入れて湯を注ぐだけで成分を抽出できます。淹れた茶は透明で美しく、おいしい。

宗円がこの茶を、今も東京・日本橋にある茶屋「山本山《やまもとやま》」へ持参したところ、美しい茶を求める文人たちに絶賛され、全国に少しずつ広まりました。この約100年後には日本人の手により、玉露が開発されます（発祥は山本山六代目・山本嘉兵衛など諸説あります）。

【茶の海外輸出と国内消費の変遷】
〜幕末から戦前、戦後、現代へ〜

幕末になると日本は開国し、外国との貿易がスタート。茶は思いがけず海外から要望が多く、生糸《きいと》とともに重要な輸出商品となりました。外国人が望んだのは前述の永谷宗円が開発した青製煎茶で、横浜港から輸出されることになりました。横浜港には外国商館が立ち並び、新橋〜横浜間に開通した鉄道で運ばれ、アメリカなどに輸出されました。

国内で細々と生産されていた煎茶は、輸出を契機に全国で製造され、手揉み技術の機械化や品種開発など近代化が進み、大量生産が可能に。そして日本を代表する茶として、今に至ります。

1980年代には缶入り緑茶飲料が開発され、その後、ペットボトル茶が誕生。その手軽さから急速に普及しました。

近年は茶の薬効や機能性成分が科学で証明され、茶を利用した薬や商品が増加。茶の可能性が無限の広がりをみせます。

忙しい現代、茶の機能性の利用だけでなく、茶が本来持ち続ける文化面や癒やしの力を借りて、穏やかな時間を茶とともに持ちたいものです。

さとうけいこ
日本茶インストラクター協会東日本ブロック顧問、日本茶アドバイザー歴史専任講師。お茶好きの専業主婦が、日本茶インストラクター資格取得を機に茶の奥深さに感動し、その後20年余り世界各国・日本各地に茶旅を続ける。

教えて先生！

「旅」がなぜ脳の健康に良いのか

東北大学加齢医学研究所・教授、
東北大学スマート・エイジング学際
重点研究センター・センター長、
医師、医学博士　瀧 靖之さん

「旅って本当に素晴らしい」と話す脳画像研究第一人者・瀧先生に、旅と脳の関係についてインタビュー。日常の暮らしも、旅先での非日常も、脳の健康には大切であることがわかります。界で行う体験の魅力も紹介。

運動に勝る脳の健康維持はない

私たちが脳の健康を維持するためには、重要な要因がいくつかあります。大きく六つあり、一番大事なことは「運動」です。ちょっと息が弾む程度の中強度の有酸素運動を週に数回程度でそれを習慣化する。これが一番いいと思います。ただ最近の報告では、歩くとか階段を上るとか少しの時間自転車をこぐとか、そういう低強度の運動でも、やらないよりはいいといわれています。

有酸素運動は脳にある海馬《かいば》の神経新生《しんけいしんせい》を促進します。神経新生とは、脳の神経細胞が新しく生まれることです。海馬の中で神経細胞が増えると、記憶力の短期記憶に効果があるといわれています。短期記憶は、考える、判断する、長期の記憶にするという高次認知機能の土台となる重要な認知機能。短期記憶を高めることで、高次認知機能の維持向上に重要な働きをするので、有酸素運動はいいのです。将来の認知症リスクを下げるという点でも非常に良いといわれています。

脳の可塑性（変化）を起こす

次に、運動と同じくらい大事なものが「趣味・好奇心」です。知的好奇心の定義は、身近なものを中心とした周りの物事に対する興味関心であり、それをもっての体験であり、知識を得たい気持ちであり、多少困難を伴ってでもそれを達成したいと思う気持ちのこと。面白いからやる、わくわくしながらやる。そうやって脳を使うと「脳の可塑性《かそせい》」といって、変化する力が高まります。認知機能の維持にすごく大事です。

会話の目的は気持ちの交換

三つ目は「会話」です。私たちが会話をする時、相手の表情や仕草などをよく読みながら、相手が何を考えているのか、

好奇心の塊のような瀧先生。多趣味で、音楽、アート、スキー、クラシックカー、昆虫観察、もちろん旅行も国内外に。最近はお子さんを連れての楽しい学習旅行に励んでいるそうです。

どういう気持ちか、自分がどう話すかを考えています。会話は脳のありとあらゆるところを使うので、先ほどの脳の可塑性につながり、脳の健康維持に重要です。

会話は単なる情報の交換ではなく、気持ちの交換。人は自分の気持ちを相手が理解してくれた時、相手の気持ちを自分が理解できた時に幸福感を感じるといわれます。私たちは社会性のある生き物なので、コミュニケーションは大事です。

ここまでで①運動、②趣味・好奇心、③会話は、脳の健康に非常に重要です。これに併せて④睡眠と⑤食事が大事。睡眠は6時間以上できるだけしっかり行う、食事はバランスの良いものを、少しカロリー控えめで食べることが大事です。

ささやかでも日々に幸福感を

幸福感とは「自分は幸せだと思う気持ちがある」こと。ささやかながらも日々何か楽しいと感じてわくわくする。少しでも幸せと思うことが、脳と体の健康維持に重要です。

主観的幸福感が高いほうが、ストレスのレベルが下がります。そうなると高血圧や糖尿病といった生活習慣病リスクを下げるといわれます。より健康な体の状態が保たれるので平均余命が伸び、動脈硬化症などの予防は結果的に認知症の予防になるということです。

旅がもたらす三つの大切なシーン

脳の健康に重要な六つのことを前提にして、ここからは「旅と脳」の話をします。総論的に、旅は行く前・行っている間・帰ってから、とそれぞれのシーンで脳の健康に良い効果をもたらします。

まず、旅へ行こうと決めた時から、特

にご高齢の方々は体を鍛える方が多いといわれます。旅を楽しめるようにと、少し歩くようにするとか、ちょっと運動しようと思う。運動すると頭がスッキリしますが、これは有酸素運動をすると、不安な時に脳で活動する扁桃体《へんとうたい》の過活動を抑えてくれるからです。

　また、旅先のことを思い、わくわくし、下調べをすることで知的好奇心が刺激されます。同行者や家族、あるいは手配のために会話やコミュニケーションをします。このように事前の運動と旅の計画を楽しむことで、日々のちょっとした幸福感が高まります。

　新しい服を買おう、これもわくわく感。人は見た目を整えることは大事で、それは人とのコミュニケーションにつながりやすいからです。会話や主観的幸福感をもたらします。メイクすることも同じ。自分自身を整えると外に出たくなり、行動を起こすきっかけになります。

旅はエンドレスに楽しめる

　旅先では非日常を感じる中に、知的好奇心を満たすことがたくさんあります。星野リゾートの温泉旅館「界」で行う、ご当地楽《がく》や手業《てわざ》のひとときなどの取り組みは、まさにそうだと思います。

食・伝統工芸・伝統芸能の体験。知的好奇心が満たされますし、会話やコミュニケーションが弾み、幸福感を高めます。五感はもちろん、審美眼とか美的センスを刺激する。職人や生産者の手仕事、本物に触れることは大事です。音楽体験などもすごくいいと思います。

　そして旅から帰ってきて、楽しかったことを思い出す。土産話を周りにする。手業のひとときでは、旅先で制作した作品が自宅に届く体験があるそうですが、これも想起させます。作品を愛でたり、使ったりしては、日常の楽しみが増えることでしょう。楽しかった思いはきっと、次の旅行の目標につながっていき、わくわくします。旅はエンドレス！

楽しんでいる姿を子どもに見せる

　旅っていいことばかり、本当に素晴らしい。生涯を通して脳の健康維持を保つと、将来の認知症予防と今の脳の健康維持につながります。私は東北大学スマート・エイジング学際重点研究センターで長年、脳の健康維持に関する研究に取り組んでいます。

　旅は日常も楽しむきっかけになり得ます。脳の健康維持は、子どもにも大事なことですし、私たち働き盛りもそうですし、もちろんご高齢の方も同じです。

私はできるだけ子どもを連れて、旅に出かけるようにしています。自然、歴史、アート、制作体験……。子どもには世の中のいろいろなことを楽しく伝えたいと思っています。とにかく私たち大人がわくわくしていることを伝えてあげるのが重要だと思います。私は趣味の多い人間で、旅はもちろん、スポーツ、音楽、芸術鑑賞、自然観察など興味の対象は広がって、深まるばかりです。

親子旅。「子どもの好奇心を刺激できれば、子どもは自ら学びを深めます」と瀧先生（写真はイメージ）。

啓蒙！励み！限界突破！

近年ベストセラーの著者に80代、90代が目立つなど、ご高齢の方の活躍が話題です。その方々が素晴らしいのはもちろんですが、周囲への啓蒙になるのがすごいことだと思います。「人は自分の中に限界を作る」とよく言われていますが、人は目標があると「自分にもできるかもしれない、やってみよう」と挑戦して、突破できるようになります。

話が少しそれましたが、旅の可能性は無限大です。旅は苦手という方も、気軽に最初の一歩を踏み出すといいと思います。自分には知的好奇心がないと思われる方も、脳にはまさに可塑性という、変化をする力がありますので、やればどんどん好奇心が高まります。

旅は遠くに行くことだけが旅ではないですし、近隣の旅でも、もっと言うと普段乗っている電車の先の駅まで行くなども十分に旅です。今こうして、「旅と脳の健康」についての話をしていて、改めて旅の素晴らしさを実感しています。

たきやすゆき

医師、医学博士。これまで東北大学加齢医学研究所で約16万人の脳画像を見た脳画像研究第一人者。東北大学スマート・エイジング学際重点研究センターでは川島隆太さん後継、センター長として産学連携・大学発ベンチャー創出に励む。北海道出身。

わたし旅の応援アイテム

【界の旅かばん】

旅の友となる「旅かばん」。見た目かわいらしく、丈夫ながらも軽くて、移動もスムーズなものが私の理想です。行き先や目的、季節に合わせてのアイテム選び。旅の準備も楽しくなることでしょう。界での私かばんをご紹介。

これは界 別府のクローゼット。各施設それぞれのスタイルで収納スペースがあります。

メインのキャリーは、RIMOWA(リモワ)。用途に合わせてサイズ違いなど四つのリモワを愛用。軽くて、車輪が動きやすいのが魅力。アフターケアも万全です。

かばんの中身はこんな感じ。界の風呂敷をはじめ、旅先で購入したポーチなど、かばんにも旅の思い出が詰まっています。

容量や重さを気にすることにはなりますが、動きやすさはダントツでリュックスタイル。コインロッカーにも預けやすい。

サブバッグがあると便利。これは大きさが気に入っているアニエスベー。通年愛用の魔法瓶・サーモスが入るサイズです。メモ帳やチケットケース、スマホの充電器なども。

手業のひととき

パート❷

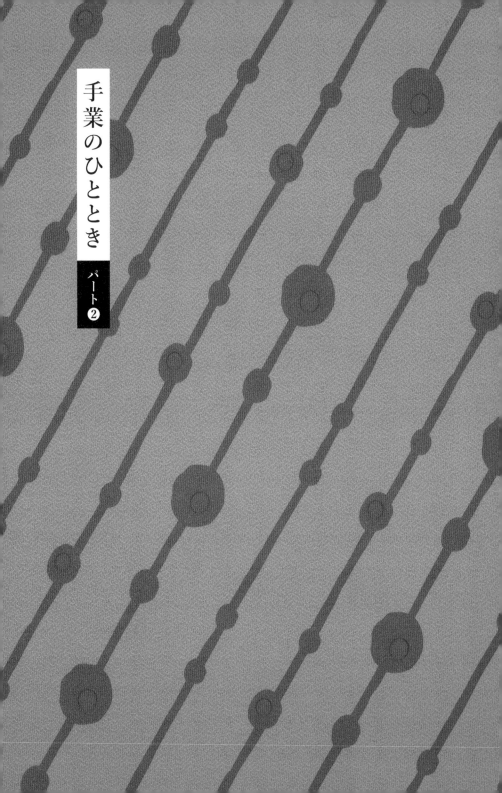

界 仙石原

かい せんごくはら

神奈川県／仙石原温泉

手業のひととき

「仙石原の自然をテーマにしたアート制作体験」

上／国内外で活躍する現代アーティストの鈴木泰人さんを旅館に招いてアート制作の体験を行う。下／被写体は自分で集めた箱根の自然。キャンバスに、鈴木さんが用意した筆やアクリル絵の具を使ってスタンプの技法で描いていく。

アートに親しむ絶景の温泉旅館

箱根湯本駅から車で約30分。界 仙石原は標高約700mの仙石原温泉に立ち、山々を見晴らす絶景が楽しめます。「アトリエ温泉旅館」を宿づくりのコンセプトにして、画材などを並べてアトリエに仕立てたライブラリーをはじめアートが満載です。

箱根町は世界的にも美術館が多いエリア。絵画や彫刻作品を集めた美術館はもちろん、ミニチュアや食器といった専門的な品を扱うミュージアムまで十数ヶ所あります。

中でも仙石原は、箱根ガラスの森美術館や西洋絵画のポーラ美術館など有名施設が点在。また、仙石原すすき草原といった自然風景にも魅せられ、五感が刺激されます。どれも界 仙石原から徒歩圏内に位置しています。

宿は水庭に面する温泉棟、雄大な景色の本館、木立に囲まれた別館に分かれ、客室数はわずか16。全室にテラスと温泉の露天風呂が備わる、ゆったりと

左上／客室のテラスに、デイベッドと露天風呂が備わる。温泉は大涌谷から引湯。硫黄の香り漂う強酸性で血行を促す。右上／作家によるアート作品が飾られる客室「アトリエの間」。左下／画材や絵筆が並ぶアトリエライブラリー。右下／ご当地楽は箱根仙石原モチーフ5種の手ぬぐいの絵付け・色付け。

界　仙石原

箱根仙石原の「アトリエ温泉旅館」アート、絶景、温泉、美味を満喫

した造りです。全室が和洋室タイプで琉球畳の上にソファを配し、くつろげます。すべてご当地部屋「仙石原アトリエの間」と名付けられ、飾られる絵は国内外12人の作家が当地で得たインスピレーションをもとに制作したものです。

自然観察しながら土地の景色を集める

「手業《てわざ》のひととき」では、その12人の作家の一人で、現代アーティストの鈴木泰人《やすひと》さんを旅館に招いて、アートの楽しみ方の手ほどきを受けます。

宿泊初日の15時～17時に別館サロンで実施。体験は周辺散策からスタートしますが、その目的を鈴木

現代アーティストの鈴木泰人さんと、美大出身で作家活動も行う界のスタッフ・藤野真司さん。

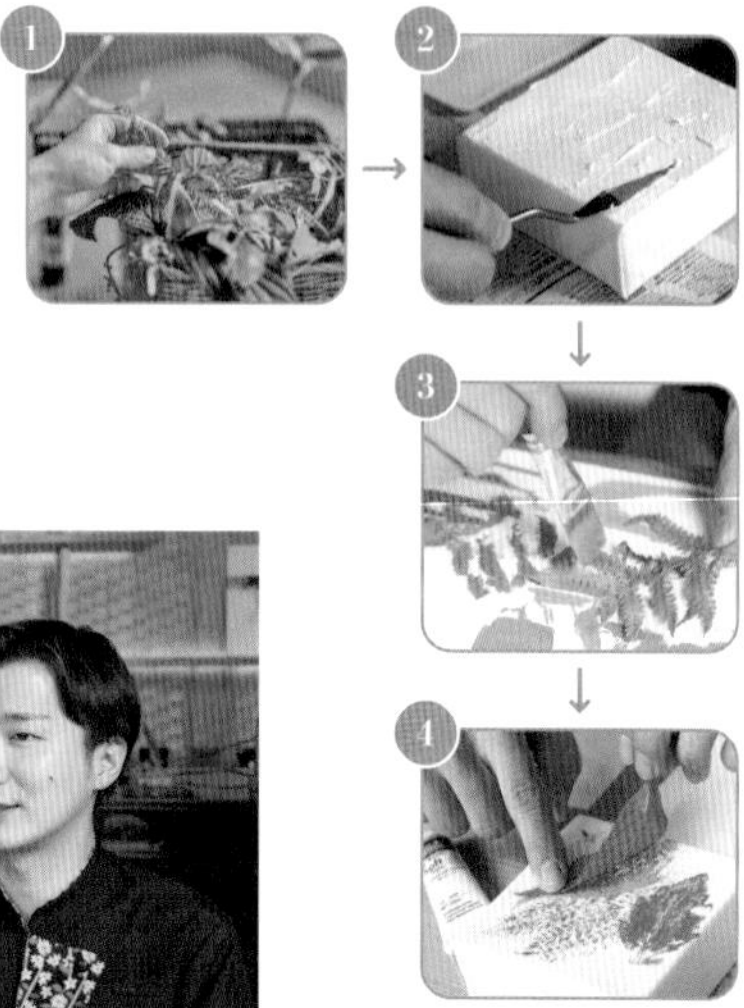

アート制作体験の手順

❶周辺を散策しながら自然観察。落葉などを拾い集める。その中から被写体を選び、下書きをする。❷キャンバスを作る。❸被写体に直接、好きな色のアクリル絵の具で色付けをする。❹構図を考えながらキャンバスにスタンプしていく（スタンプ・ステンシル技法）。

創作は自分の居場所探し
正解はない、自由でいい

参加者から「なぜ人は創作に憧れるのか」という質問を受けました。私は「創作は、今の自分はどこにいるのかを知る行為。自分の居場所や、他との距離感をつかむため」と答えました。正解はありません、自由でいい。作家は「自由を作れる人」だと考えます。

現代アーティスト、鈴木泰人さん

神奈川出身。多摩美術大学・大学院絵画専攻修士課程修了。現代美術、建築、映像など多様性に特化したアートユニットOBI代表。絵を描くことからインスタレーション（空間表現）まで幅広い手法と視野で活動を行う。

［手業のひととき］宿泊初日の15時～17時実施（実施日は施設サイトに掲載、事前WEB予約）、1日1組（1組1～3人）、1人1万円（宿泊費別）

さんは、「自然を観察しながら土地の景色を拾い集めるため」と説明します。

被写体になりそうな落葉などを拾い集め、体験会場の机に並べます。そこから数個を選ぶのですが、ここがポイントだと鈴木さんは強調します。選ぶという作業を通して、自分の中にある「好き・嫌い」の感性に気づけるからです。

まずは対象を比較し、そして全体を捉えながら取捨選択します。普段は無意識に行っていることも、実は比較と俯《ふ》瞰《かん》と選択の連続！

その枝葉を今度は筆がわりにして、手のひらサイズのキャンバスにアクリル絵の具を使ってスタンプしていきます。色の選び方や配置、押し具合などで唯一無二の作品が誕生。初心者も無理なく作品作りができます。

鈴木さんは「手業体験は技術を持ち帰ってもらって、日常でもアート体験ができることを目的にしました」と話します。

また、温泉旅館で創作活動を行う魅力について、

「温泉入浴は気持ちの切り替わりを感じやすくて、自然やアートに敏感になります。客室露天風呂なんて最高ですね」と笑顔で語ります。

創作意欲がわく客室露天風呂

界 仙石原は全室に露天風呂が備わり、壮大な景色を眺めつつ温泉が堪能できます。入浴でリラックスできて元気が出る、アイデアが生まれて創作意欲がわいてくることでしょう。

大涌谷から引湯する温泉はpH2・0の酸性泉で、泉質はカルシウム―硫酸塩・塩化物泉。少し白濁し、硫黄の香りが漂います。大浴場にはぬる湯とあつ湯の浴槽があり、温冷の交互浴により新陳代謝が高まります。肌をなめらかに整えてくれるのもうれしい効果。露天風呂は水庭に面して、開放感と清涼感が満点です。

夕食は季節の会席料理です。「感性に響く食事」をテーマにし、大涌谷の煙をイメージした「サーモンの瞬間燻製」など趣向を凝らします。箱根の山の

上／冬の特別会席のメインは「雲丹と牛のすき鍋」。コース料理のアートを感じる器にも注目。中／大涌谷の煙をイメージしたサーモンと季節のフルーツの瞬間燻製。下／半個室の食事処は上質な空間。上／地酒の飲み比べもぜひ（写真はイメージ）。

もうひとつの

手業のひととき

秋の手業のひととき(9月～11月)は、日本画家の加藤正二郎さんによる「仙石原の自然をテーマにしたアート制作体験」。シーズンを迎えたススキ草原を散策した後、加藤さんが考案した「特製すすき筆」を使いながら日本画の画法(櫛刷毛による筆法)で和紙にススキを表現していく。

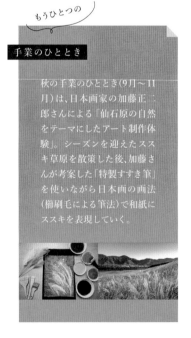

左／別館スイートの露天風呂は広々とした造り。ゆっくりと温泉に浸かり、大自然と対面しながらリフレッシュできる。右／ぬる湯とあつ湯の温泉大浴場と、庭に面し、開放感がある露天風呂。

客室露天風呂で絵を描く「温泉パレット」を用意。スケッチブック、水彩色鉛筆、筆を使って思うままに創作を楽しもう。

アイデアがふつふつと…

売店には作家もののアートグッズが様々そろう。

幸と相模湾や小田原の海の幸などが作家ものの器に盛り付けられ、五感を刺激すること間違いなしです。地酒とのペアリングも楽しみ。

手業のひとときは春（4月～6月）を鈴木泰人さんが行い、秋（9月～11月）を日本画家の加藤正二郎さんが担当します。

滞在中に出合えた自然を題材にする「手業のひととき」で、私は「身近にある素敵なもの」に気づけた思いがしました。それは自分と相手を思える心にもつながるような……。「アトリエ温泉旅館」は、旅と日常を楽しくしてくれることでしょう。

界 仙石原

神奈川県足柄下郡箱根町仙石原817-359［客室数］16（和洋16、全室露天風呂付き）［泉質］酸性－カルシウム－硫酸塩・塩化物泉（酸性低張性高温泉）／pH2.0／泉質別適応症はアトピー性皮膚炎、尋常性乾癬、耐糖能異常症（糖尿病）ほか［環境］標高700m／夏平均気温21.9℃、冬平均気温3.3℃、冬の積雪量0～5㎝［交通］〈電車〉箱根登山鉄道箱根湯本駅からタクシー約25分〈車〉東名高速道路御殿場ICから国道138号経由約20分

界 伊東

かい いとう

静岡県／伊東温泉

手業のひととき

「伊豆に伝わる『つるし飾り』づくり体験」

上／手業のひととき。ニコニコ会の工房にて、左端が代表の斎藤美智子さん、右端が鈴木富美代さん。下／伊東市の花木である椿を制作体験。取り組みやすい工夫が施され、初心者でも安心して参加できる。

上から／たっぷりの湯で満たされる古代檜の湯殿。巨石の露天風呂を併設する。四つの異なる源泉を注ぎ適温を保つ源泉プール。つるし飾りが印象的な特別和室。特別会席のメインは山海鍋。金目鯛や伊勢エビ、牛、旬の野菜を2種のだしで味わう。

全客室で源泉風呂の「温泉づくし」

伊東駅から徒歩10分ほど、界 伊東は閑静な地にある「温泉づくし」の宿です。大浴場や露天風呂に源泉を掛け流すほか、プール、庭園の足湯、全30室の内湯と客室露天風呂、シャワーまでが温泉という贅沢な湯浴みが楽しめます。これは源泉を4本持ち、湧出量は毎分６００ℓという湯量のおかげ。

ゲストに子ども連れファミリーが多いのも特徴です。露天風呂付き客室はもちろん、三世代で泊まれる8人定員の特別和室があり、家族団らんでゆっくりできます。その和室には、子や孫の成長への願いを人形に込めた伊豆の伝統工芸「つるし飾り」が飾られていて、かわいさに気持ちが和らぎます。

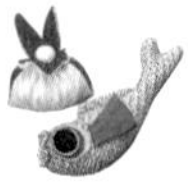

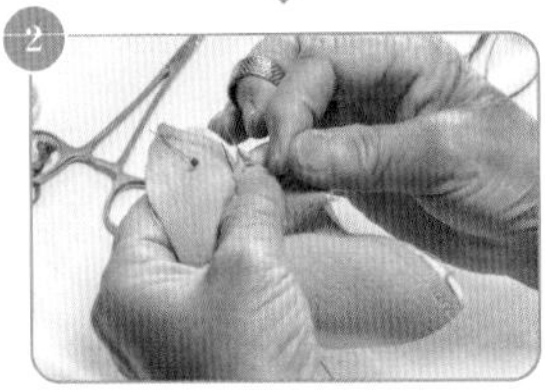

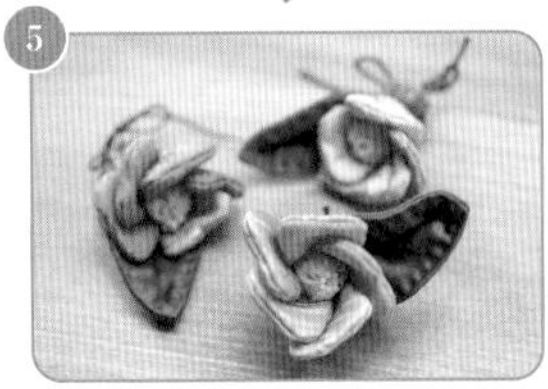

「つるし飾り」の制作手順

❶椿のパーツ。幾重にも重なる花の魅力を色別のパーツで表現。❷手ほどきを受けつつ縫い目に印をつけて、ひと針ひと針ゆっくりと。❸袋状にして綿を詰めてふっくらと愛らしく。❹ご当地楽ルームで開催（今回はニコニコ会の工房にて）。❺パーツを組み合わせる。❻赤い紐で五つの飾りを繋げて完成。

人と人の〝絆〟を感じる「つるし飾り」

つるし飾りのモチーフには、一つ一つに異なる願いが込められています。例えば、俵ネズミは働き者・金運、柿は滋養・長寿、唐辛子は厄払い・良縁というように。

界 伊東では「伊豆に伝わる『つるし飾り』づくり体験」を手業《てわざ》のひとときで行っています。館内の「ご当地楽《がく》ルーム」で約2時間開催。教えてくださるのは、つるし飾り発祥地・東伊豆町稲取で活動する「ニコニコ会」のメンバーです。

本日はニコニコ会代表の斎藤美智子さんらが担当。まずはつるし飾りについての座学から。つるし飾りは、江戸時代後期から桃の節句に作られ、戦後廃れていたものを東伊豆町稲取の婦人会が復活させました。

斎藤さんは「私たちは1998年から稲取で、〝雛のつるし飾りまつり〟を始めました。これが山形県酒田市、福岡県柳川市と並ぶ〝日本三大つるし雛〟

として全国区となり、春の風物詩として今も多くのお客様にお越しいただいています」と話します。

手業のひとときで作るモチーフは、現在は椿の花です。「椿は伊東市の花木。もてなしの心を伝える象徴です。ニコニコ会にお願いして、当館限定の椿を考えていただきました」と、界 伊東のスタッフ。

絹の生地を型紙通りに切り取り、表裏を等間隔で縫い進めて（串縫い・並縫い）裏返し、綿を入れて立体的に仕上げていきます。かわいくて鮮やかで、優しい風合いに癒やされます。

椿の花は何種ものパーツを組み合わせますが、初心者でも取り組みやすいように工夫がされています。お子さんの夏休みの自由研究として参加するファミリーも多いそうです。男性にも好評とのこと。

椿が出来上がったら、あらかじめ用意された四つのモチーフと合わせて、合計五つを赤い紐で連ねれば雛のつるし飾りの完成です。奇数は縁起がよく、赤は魔除けの色であり「気」を強める意味があるそうです。飾るだけで空間を華やかに彩ります。

願いを込めながら、ひとつずつ進みましょう

ゆっくりと願い込めながら、ひと針ひと針、前に進めましょう。ひとつずつ確認しながら行えば、目標に近づきます。完成の喜びは、途中の苦労など忘れてしまうほど。かわいい人形作りは笑顔になるし、手作業は頭を使うからそれが私の元気の素かもしれません。

ニコニコ会代表・斎藤美智子さん

静岡県東伊豆町生まれ。幼少期から手芸に親しむ。温泉街活性を目的に1993年ニコニコ会を結成し、雛のつるし飾り制作を行う。現在メンバー12人。制作指導やイベントを通して、地域に根付く手仕事の文化を伝承・普及する。

［手業のひととき］宿泊翌日の9時30分～11時30分開催（実施日は施設サイトに掲載、事前WEB予約）、1日1回開催、2人以上で実施、最大8人まで。1人1万1000円（宿泊費別）

界 伊東

全客室に掛け流しの源泉風呂「椿」を楽しむご当地文化体験

春らんまん
心穏やかに

左上／伊豆の三大美味といわれる伊勢エビ・アワビ・金目鯛が登場する特別会席。通常の会席料理より、海の幸を豪華に提供する特別会席がよく選ばれる。右上／椿の花を模したご当地甘味。下／庭園に面した食事処。

ご当地楽は、椿の種を専用機で搾る椿油作り。肌や髪、指先などの保湿に重宝。

温泉街そぞろ歩きと海辺ランニング

伊東温泉は静岡県で一番の湯量を誇る温泉地。恵まれた湯量を活かし、市内には温泉銭湯が点在し、海と山と川沿いに温泉旅館が広がり、湯めぐりやそぞろ歩きが楽しめます。海辺のランニングも快適。

界 伊東は全30室が地域の伝統工芸で設えた「ご当地部屋・伊豆花暦の間」です。空間に配する「花暦スクリーン」は、椿や河津桜、藍など約20種類もの伊豆の植物で織り上げた糸を使っています。ぬくもりある優しい風合いが魅力です。

海辺の温泉らしく泉質は、ナトリウム・カルシウ

上／なめらかな肌心地の温泉を独占できる客室専用の露天風呂。開放感が漂い、空にすいこまれそう。下／湯上がり処に隣接する足湯は庭園眺望の特等席で月見も。

上／家族連れに人気の特別和室。つるし飾りや花暦スクリーンなど写真映えするものがいっぱい。下／伊豆の自然や歴史文化などの書籍が並ぶトラベルライブラリー。

ム—塩化物・硫酸塩温泉です。体のめぐりをよくし、保湿も促すという美肌温泉は女性に人気がありま す。露天風呂付きの客室では好きな時に好きなだけ温泉を堪能できます。湯船に浸かりながら、青空や夕暮れ空、星空や朝焼けなどを眺める贅沢な時間。疲れが吹き飛ぶことでしょう。

温泉は、木肌も爽やかな古代檜の大浴場と滝が流れ落ちる巨石の露天風呂でも存分に楽しめます。通年利用できる源泉プールは、子ども連れファミリーはもちろん、全世代に好評です。南国植物などが繁る庭を愛でながらリゾート気分が味わえます。

界 伊東

静岡県伊東市岡広町2-21［客室数］30（和室30〈露天風呂付き5〉）［泉質］ナトリウム・カルシウム—塩化物・硫酸塩温泉（弱アルカリ性低張性高温泉）／pH8.2／泉質別適応症は切り傷、末梢循環障害、冷え性、うつ状態、皮膚乾燥症。［環境］標高10.8m／夏平均気温26℃、冬平均気温7℃、冬の積雪量0㎝［交通］〈電車〉伊東線伊東駅から徒歩約10分〈車〉東名高速道路厚木ICから小田原厚木道路、国道135号経由約100分

界《かい》 別府《べっぷ》

大分県／別府温泉

手業のひとときで

「別府つげ細工職人と行う一生モノのつげブラシ作り」

上／作業場で工程を見学した後、つげブラシ制作にチャレンジ。
下／完成したブラシは職人が柄の部分に名前を彫刻し、椿油を十分に染み込ませて乾かすなどの仕上げを行う。お手入れ用のハケと椿油とともに完成品が自宅に届く。

「別府はじまりの地」に立つ絶景宿

大分空港から車で約50分。別府八湯の一つ、別府温泉にある界 別府は、旧別府港の北浜に位置し、全70室が別府湾ビューの眺望自慢です。当地は別府はじまりの地といわれ、明治時代の開港後は湯治客の玄関口として温泉街発展に貢献したエリア。

フロント階の扉が開くと、和紙の提灯が照らす「湯の広場」と別府湾の絶景が広がります。ずらりと並ぶ手湯の桶には源泉が滔々《とうとう》と流れ落ち、温泉情緒を盛り上げます。

テーマは「ドラマティック温泉街に逗留する宿」。設計・デザイン担当した建築家の隈研吾さんは、「〝ドラマティック〟は、朝・昼・夕方・深夜などの時刻や、季節ごとに変わるシークエンス（連続性）の表現にぴったり」とコメントします。「館内を歩きまわり、空気・風を感じてほしい」とも。路地を模した石畳の廊下には、暖簾が掛かるトラベルライブラリーや売店があり、そぞろ歩きが楽しめます。

左／和室（定員3人）。中／こちらは特別室にある木造りの露天風呂。朝焼けの別府湾を眺めながら温泉を独占できる。右／湯の広場に隣接する足湯では朝日を浴びながら開放感に浸れる。

湯の広場は時間帯で表情を変える。夜はグルメ屋台や懐かしの遊具などが界 別府の「ドラマティック温泉街」を盛り上げる。

手業のひとときは「別府つげ細工職人と行う一生モノのつげブラシ作り」です。別府つげ細工は昭和10年頃から繊細な透かし彫り技術とサンゴ彫刻の技術とが融合し、発展していった工芸品。緻密で耐久性の強い薩摩つげを使って、つげ櫛やかんざし、帯留めなどが作られました。現在はライフスタイルを反映して、日常使いのブラシが中心です。

体験はまず、使い心地を確かめるところから始まります。客室に歯の形状や持ち手の握り具合などが異なる5種のつげブラシが用意され、使い心地を試します。髪質や毛量、髪形に合うブラシです。木肌優しく、髪通りはよく、髪にツヤを与えてまとまりやすくしてくれます。頭皮にもほどよいマッサージ効果も。

自分磨きにつながる手業のひととき

制作体験はチェックアウト後、宿から歩いて15分ほどの別府つげ工芸で行われます。本日の案内は、後継者の家族である安藤賀子さん。まずはショール

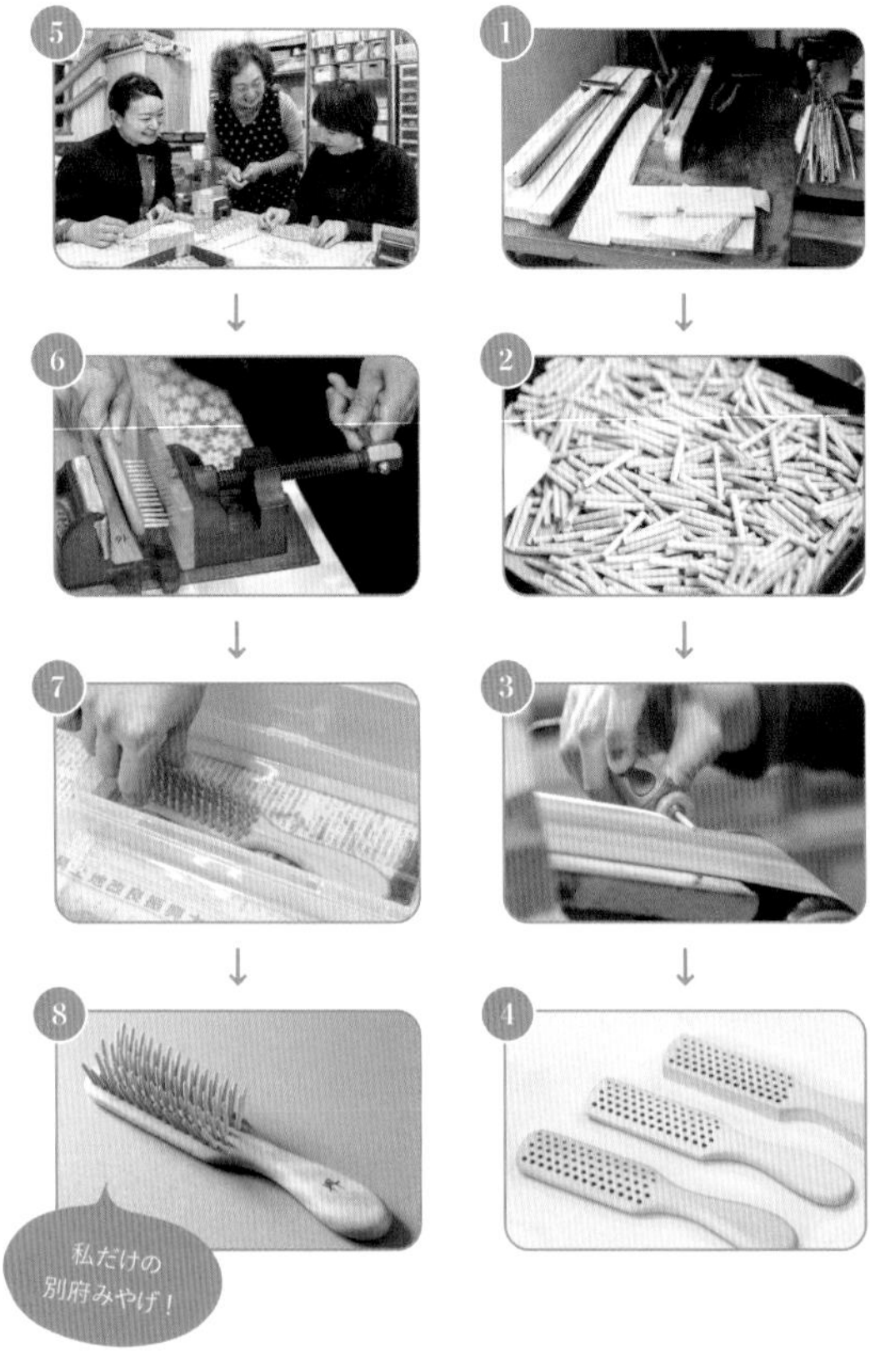

「つげブラシ」の制作手順

❶薩摩つげ。つげは「黄楊」とも書き、木肌の色に特徴がある。❷薩摩つげはブラシの歯に使う。❸磨き上げる。❹見学はここまで。あとは歯をさす体験。❺職人が指導。❻歯の高さを整えて固定させる。❼完成品は椿油でコーティング。❽職人が名入れと仕上げを行う。

立ち寄りスポット

別府つげ工芸

作業場に併設するショールーム。ヘッドが楕円や角、持ち手が丸やネコ形、歯が4列・5列タイプなど種類豊富。リノベーションした店内も素敵。
https://www.tsuge-kushi.com

ームでさまざまなタイプのつげブラシを見学します。その後、作業場へ。

作業場には丸太から加工されるという薩摩つげが並びます。薩摩つげは時間をかけて成長するため、木目が細かく、硬さとしなやかさを併せ持ち、古くから櫛や細工物の最高の素材とされたそうです。

木の性格を熟知した職人たちが、丁寧な手仕事で加工していきます。木を切り分け、磨いて、ブラシの土台や歯の部分が出来上がります。

工程を見学したら、いよいよブラシ作りです。ブラシの穴の部分に、薩摩つげの歯を一本一本差し込んでいきます。穴に入りやすいもの、入りにくいものがあり、それは木が呼吸し膨張するものだと改めて気づきます。すべて入れ終えたら歯の高さを整えて固定し、椿油でコーティング。髪をとかす度に椿油が少しずつ染み出て、髪に艶を与えてくれます。また、ブラシに汚れを入り込みづらくしてくれるそうです。さらなる仕上げを職人が行って、完成品がお手入れ用のハケと椿油とともに送られます。

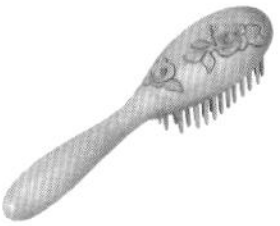

別府つげ工芸・安藤賀子（よしこ）さん

1919年創業。現在は三代目と安藤さんら後継者が工房を切り盛りする。飾り物、細工物と、代々が時代の変遷に合わせた作品を作り、「つげブラシ」は30年ほど前に誕生した。写真左から、安藤さん、三代目ご夫妻、職人さん。

自然素材と手の感覚、心の持ち様を大切に

素材選びとその加工技術が、工芸品の質を左右します。木は呼吸しているので天候や湿度によって変化しますし、作り手もその日の心の持ち様で微妙な変化が出てしまうものです。すべて手作業の一点モノ。お手入れしながら一生使える「つげブラシ」をお試しください。

［手業のひととき］宿泊翌日の11時30分～13時開催（実施日は施設サイトに掲載、事前WEB予約）、1日1組（1～4人、1人から実施）、1人2万9800円（宿泊費別）

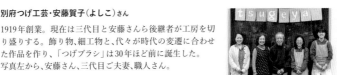

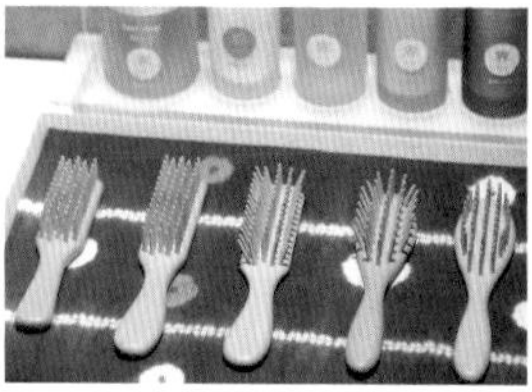

右／特別室。全室ご当地部屋・柿渋の間。血の池地獄から着想を得た柿渋色で壁や襖が彩られる。左／手業のひとときでは客室に「つげブラシ」を5種用意。

上／特別会席「伊勢海老と和牛の会席」。右上／食事処には、地元の竹を照明や間仕切りなどに使用。カウンター席のほか半個室もある。右下／地元に詳しいスタッフとの会話も楽しみ。

界 別府

「ドラマティック温泉街」をそぞろ歩く別府湾ビューの宿

「おんせん県」大分で温泉とそぞろ歩きを

別府温泉郷は日本一の源泉数と温泉湧出量を誇り、界 別府は敷地内に自家源泉を2本所有します。泉質はナトリウム—塩化物・炭酸水素塩泉。体がぽかぽかと温まり、肌がすべすべになります。

大浴場の湯船はぬる湯とあつ湯に分かれ、交互入浴で血行を促進します。客室のうち30室には温泉の露天風呂が備わり、好きな時に好きなだけ温泉が堪能できます。

夕食は、竹あかりが照らす半個室の食事処で味わいます。大分の海の幸・山の幸が地域の器などで登場する会席料理で、特別会席のメインは、昆布と椎茸のだしで味わう和牛のしゃぶしゃぶ。桶盛りで用

ぬくもりある和のあかりや竹細工が印象的なトラベルライブラリー。食や工芸をはじめ、大分の魅力を紹介する本がそろう。ソフトドリンクも用意。

上／場が一つになって盛り上がる、ご当地楽「湯治ジャグバンド」。下／夜のラボでは別府八湯を知り尽くした温泉道名人が別府の町あるきやオススメの温泉などを教えてくれる。

かわいらしい雰囲気の大浴場。内湯の壁には、別府の花々をモチーフにした臼杵焼がはめ込まれる。

ショップは大分の工芸品が豊富。臼杵焼の箸置き、竹細工のコースター、小鹿田焼のカップ＆ソーサー、よつめ染布舎の名刺入れほか、つげブラシも販売。

意するお造りには伊勢エビも。大分名物の麦焼酎が豊富にそろい、食事とのペアリングがオススメです。

館内では源泉を使用したミスト作りも楽しめる「温泉いろは」を用意したり、別府八湯を熟知する温泉道名人が泉質や入浴法、湯処を紹介するなど温泉三昧です。

湯の広場では毎夜、ご当地楽・湯治ジャグバンドの演奏を開催。温泉と桶から生み出される音色で会場を盛り上げます。また屋台でのふるまいや懐かしいスマートボールなどの遊具が用意されるなど、賑やかなドラマティック温泉街を堪能できます。

界 別府

大分県別府市北浜2-14-29［客室数］70（和室40、露天風呂付き30〈うち特別室4〉）［泉質］ナトリウム一塩化物・炭酸水素塩泉（中性低張性高温泉）／pH7.4／泉質別適応症は切り傷、末梢循環障害、冷え性ほか［環境］標高2.6m／夏平均気温28℃、冬平均気温10℃、冬の積雪量0㎝［交通］〈電車〉日豊本線別府駅から徒歩約10分〈車〉東九州自動車道別府ICから約10分

界 松本

かい まつもと

長野県／浅間温泉

手業のひととき

「個性溢れるブティックワイナリーで時代を紡ぐ醸造家の世界観を知る収穫・試飲体験」

上／サンサンワイナリーの醸造管理責任者、田村彰吾さんによるワイナリー案内。説明を聞きながら試飲ができる（写真はイメージ）。下／畑の見学ではブドウの収穫や手もぎなど、ワイナリーで行われる作業の一部が体験できる。

松本城主の御殿湯があった温泉街

界 松本は、信州ワインと音楽が堪能できる温泉旅館です。松本駅から車で約15分、浅間温泉の入り口に立つ洗練された構えは目を引きます。館内は伝統工芸がちりばめられ、和の美術館のようです。組子障子、襖《ふすま》を飾る江戸墨流し、金箔貼りの細工をはじめ、和の贅沢な趣の中で過ごすことができます。

全26室のうち、15室は温泉の露天風呂が備わります。浅間温泉は松本城主の御殿湯があった名湯として知られ、なめらかな肌ざわりの湯は肌のキメを整えるアルカリ性単純温泉です。二つの大浴場で、寝湯や立ち湯、ミスト&ドライサウナ、ラディアントバス（輻射熱《ふくしゃねつ》温浴）など、合計8種13通りの湯浴みが楽しめます。

ワインづくしも魅力で、わいんギャラリーで開催する「NAGANO WINE紀行」では、スタッフによる桔梗《ききょう》ヶ原《はら》のワインの紹介と、厳選されたワインのテイスティングが人気を集めています。

左上／界 松本は温泉自慢。大浴場は寝湯や立ち湯、ミスト&ドライサウナなど設備充実。オリジナルの入浴ガイドも必見。右上／特別会席。メインは濃縮した赤ワインを割り下に使用する「ワインすき鍋」。左下／わいんギャラリー。右下／純和風の客室に露天風呂が備わる。

ホスピタリティーを感じるワイン

手業《てわざ》のひとときは、界 松本のワイン好きスタッフが「収穫時期の特別な環境と体験をお客様にお楽しみいただきたい」と、ワイナリーに働きかけて実現したものです。初年度は塩尻市桔梗ヶ原の老舗ワイナリーを舞台に実施。現在は2015年に醸造を開始した新進気鋭のワイナリーで開催しています。

宿泊初日の13時、塩尻駅から車で約15分の旧中山道沿い柿沢地区にあるサンサンワイナリーに集合します。当地は有休耕作地を2011年に開墾し、社会福祉法人サン・ビジョンが運営するとのこと。

手業のひとときではまず、映像を見ながら造り手の思いに触れます。次は自社農園の見学です。北アルプスを一望する畑は標高約860mの傾斜地で、心地よい風が吹き抜けます。一面の畑にはメルロ、シャルドネ、シラー、ピノノワールを植栽、凝縮され果実味あふれるブドウが育っています。

案内するスタッフは「昼夜の寒暖差が大きく、年

ワイナリーで収穫&試飲体験

❶造り手の思いをまずは動画で視聴。❷ブドウ畑を見学する。❸収穫体験は10月初旬まで、それ以降は果実を一つずつ取る手もぎ体験。❹ワイナリー見学。❺ワイナリーの心臓部であるタンク室。この日は特別に発酵の状態を見せてもらい、その試飲も。❻参加記念に特製ラベルのワインのプレゼントがある。

サンサンワイナリー・田村彰吾さん

山梨大学工学部ワイン科学特別教育プログラム修了。ワイン醸造技術管理士取得後、醸造歴55年以上を誇る戸川英夫氏に師事し、2017年からサンサンワイナリーの醸造管理責任者に。写真左から武藤さん、田村さん、アンディさん。

土地から生まれる物語を大切にする

塩尻市柿沢の風土を表現するワイン造りに励んでいます。9人のメンバーが丹精込めてブドウを育て、クリアで果実味にあふれ、心地よい酸が広がるワインを製造。暮らしに寄り添い、記念日を盛り上げるような、記憶や思い出に残るワインを目指しています。

［手業のひとときき］宿泊初日の13時～15時開催（実施日は施設サイトに掲載、事前WEB予約）、1日1～6人。1人1万円（宿泊費別）

間降水量が少なく、日照時間が長いことから、ブドウ栽培に適します。自分たちでブドウを育て、収穫し、醸造、瓶詰めまでを行います」と説明します。「ヨーロッパ系ブドウ品種に用いられる垣根仕立てを導入して、凝縮感を高めるためにブドウの収量制限をかけていきます」とも。補糖（加糖）をせずに醸造ができるのは、糖度20度を下回ることのない高品質のブドウが収穫されるからです。

続いてワイナリーを見学。ここからファクトリーマネージャーの田村彰吾さんが案内します。仕込み最盛期に開催する手業のひとときについて田村さんは、「この時期、この場所でしかできない体験」と話します。衛生管理が行き届く樽熟成室やタンク室、瓶詰め場などを見学。取材時はナイアガラやコンコードが発酵するタイミングで、フレッシュな香りに包まれて「ワインは生きている」を実感しました。

土産としてプレゼントされるワインのラベルは、先ほど撮影したばかりの記念写真が貼られるなど、ホスピタリティーを感じるワイナリーです。

信州ワインづくしと音楽の夕べ

ワイナリーから車で約40分の界 松本へ。館内のわいんギャラリーで「NAGANO WINE紀行」に参加します。ワイン3種類をテイスティングしながら、日本有数のワイン産地である桔梗ヶ原について学びます。北アルプス、南アルプス、八ヶ岳連峰に抱かれる海抜700mの松本盆地にある桔梗ヶ

上／露天風呂をはじめ、8種13通りの入浴法が楽しめる。中／輻射熱で体を芯から温めるラディアントバス。下／5種のサウナを完全プライベートで堪能するプランを実施。特製サウナマットとドリンクを用意。

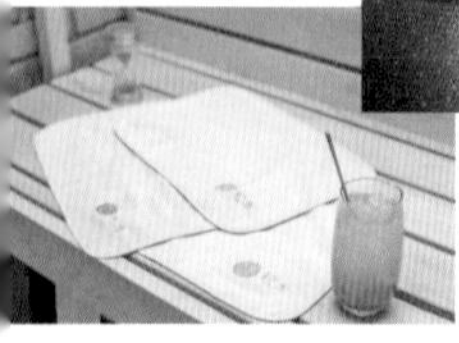

夕食はペアリングをぜひ。今回は特別会席とサンサンワイナリーのコース。上から、先付けにはスパークリングのブリュットブラン。宝楽盛りには早摘みメルロを使用したエステート柿沢ロゼ。メイン「ワインすき鍋」には、樽熟成で果実香とふくよかな香りと芳醇な味わいが魅力のアルモニーを。下は、朴葉みそなどが並ぶ「ご当地朝食」。

界 松本

城主を癒やした名温泉の宿 信州ワインと音楽を楽しむ

「NAGANO WINE紀行」。スタッフからワインの名産地・桔梗ヶ原の説明を受けながら、信州ワインの飲み比べを（要予約、1500円）。

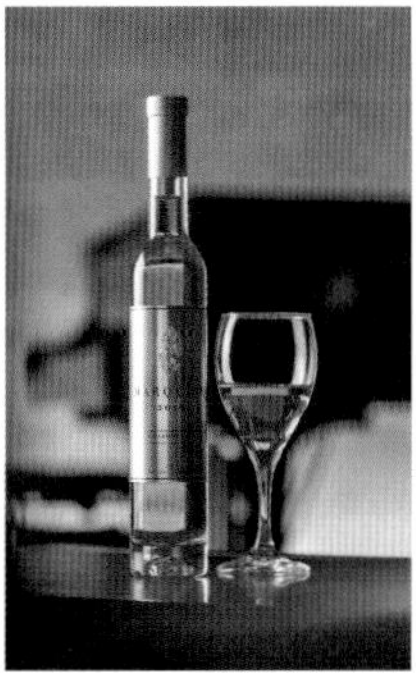

左／ご当地楽のロビーコンサート。今回は地元出身の音楽家によるサックスとピアノの演奏。右／吹き抜けの空間で音楽に包まれながら、手業のひととき参加者限定のデザートワインが味わえる。

原。1911年創業の「五一わいん 林農園」、井筒ワイン（1933年創業）、信濃ワイン（1916年創業）ほか、宿の周辺には新旧ワイナリーが点在します。

夕食は個室の食事処で、会席料理に合わせたワインのペアリングコースを用意。食後のお楽しみは、吹き抜け13mで音響効果の高いロビーでのご当地楽・生演奏コンサートです。松本は「セイジオザワ フェスティバル」をはじめ、音楽の街として知られます。天井から音が降ってくるようで、音の豊かな調べに癒やされます。

界 松本

長野県松本市浅間温泉1-31-1［客室数］26（和室25〈露天風呂付き15〉、和洋室1）［泉質］アルカリ性単純温泉／pH8.9／泉質別適応症は自律神経不安定症、うつ状態、不眠症［環境］標高650m／夏平均気温24.7℃、冬平均気温－0.4℃、冬の積雪量10㎝［交通］〈電車〉篠ノ井線松本駅からタクシー約15分〈車〉長野自動車道松本ICから国道158号経由約20分

界 アンジン

かい あんじん

静岡県／伊東温泉

手業のひととき

「伊豆の恵みで育む
クラフトビールの
ブルワリー探訪」

上／手業のひとときは、伊豆・修善寺の自然を活かした独自の製法でクラフトビールを造るベアードブルワリーガーデン修善寺の工場見学から行われる。

下／見学の最後には、ベアードビールの飲み比べ体験も。

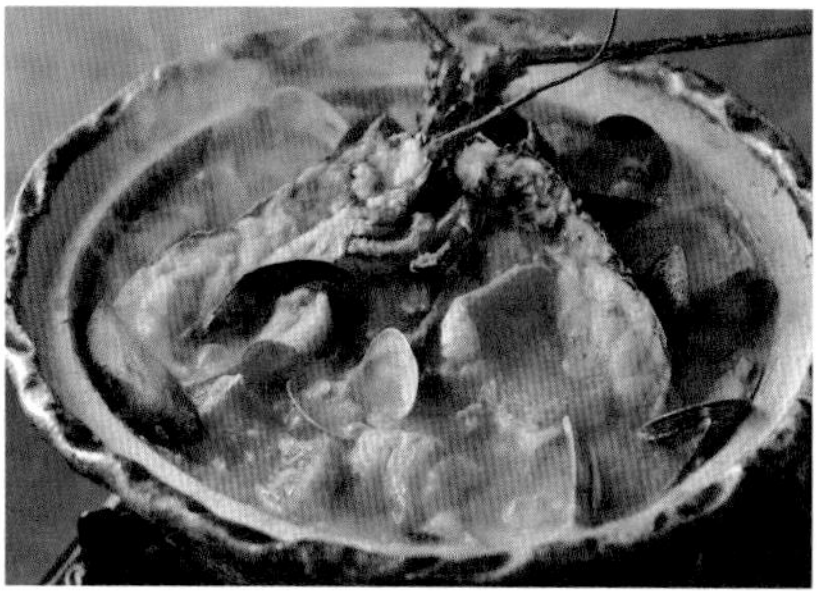

左上／最上階の大浴場。眺望抜群で海に浮かんでいるような気分。右上／ご当地楽「アンジン紀行」では、伊東にゆかりのイギリス人航海士・三浦按針の功績をスタッフが名調子で紹介する。左下／特別会席のメインは、和風仕立てのブイヤベース鍋。右下／ゆったりしたスイートルーム。

船旅気分を味わうオーシャンビューの宿

伊東港の目前に立ち、全45室がオーシャンビューの眺めのよい温泉旅館です。最上階に大浴場と露天風呂があり、湯船に浸かると目線の先に水平線が広がり、海に浮かんでいるような感覚でリフレッシュできます。宿名にある「アンジン」は、伊東で日本初の西洋式帆船を造船したイギリス人航海士・三浦按針《あんじん》の名前に由来。そのことから「船旅気分を楽しむ」を宿づくりのテーマにしています。

ロビーや客室には船の古材を使ったマリンアンティークの作品が飾られ、落ち着いた印象。全室がご当地部屋「按針みなとの間」です。「大海原に漕ぎだすような開放感をお楽しみください」とのこと。

ご当地楽「アンジン紀行」では、按針の功績を紹介。16世紀末、造船技術が発達していない日本で、伊東の土地の特徴を活かした造船法を教え、地元の航海士たちと協力して日本初の西洋式帆船「サン・ブエナ・ベントゥーラ号」を造船した歴史です。

手業のひとときは、クラフトビール体験です。これは大航海時代に船乗りたちが、水の代わりにビールを飲んだということにちなみます。舞台となるのは、宿から車で約45分のベアードブルワリーガーデン修善寺。清流・狩野川のほとりで自然を活かして、独自のビール造りを行っています。

醸造家のベアード ブライアンさんは、高品質のエールビールを生み出し、その楽しみ方を日本に広めた方。手業のひとときを担当する界 アンジンのスタッフは、「異国の地で夢とロマンを抱き活躍するブライアンさんと、イギリス人航海士・三浦按針には共通する職人魂があると感じて、本企画を考えました」と話します。

造り手の思いに触れて味わいが増す

本日はブライアンさんの奥様、ベアード さゆりさんが手業のひとときを担当します。夫妻で1997年に渡米し、ビール醸造を学び、2000年に合資会社ベアード・ブルーイングを静岡県沼津市で設

始まりは日本一小さな醸造所

1

2

3

4

5

6
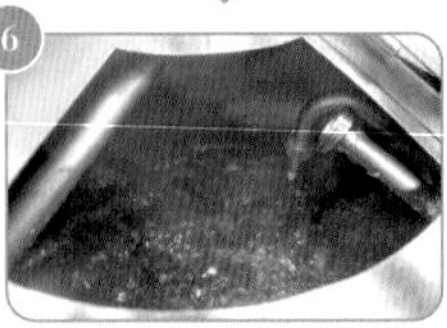

7

8

「ベアードビール」製作手順

❶工場を案内してもらいながら造り手のこだわりや思いを伺う。❷原材料のモルトやホップを見学。❸❹ビールの発酵・熟成に重要な温度管理の様子なども拝見。❺手作業で行われる瓶詰め。作業中の娘さんは次の後継者。❻発酵中のビール。❼無農薬栽培の農園の案内も。❽タップルームで3種類を試飲。写真下の4本を、手業のひとときの参加者は宿でプレゼントされる。

ベアード・ブルーイング・カンパニー
ベアード ブライアンさん＆ベアード さゆりさん

1997年に夫妻でアメリカ北西部へ渡る。そこでビール醸造をゼロから学ぶ。2000年に静岡県沼津市で合資会社ベアード・ブルーイング設立。各地にタップルームを展開。人々を幸せにする個性あふれるビール造りに励む。

「ビールを祝福する」幸せな時間のために

伊豆の美しい自然と大地の恵み、そして清らかな水によって作り出される、香り豊かなクラフトビールをお楽しみください。この土地、この時期、ここでしか味わえない一杯を、みなさまの温泉旅行の思い出にしていただけるとうれしいです。

［手業のひととき］宿泊初日の13時～14時30分開催（実施日は施設サイトに掲載、事前WEB予約）、1日1組（1組2～4人）、1人5000円（宿泊費別）

立。規模拡大にあたり、最適な地を求めて２０１４年に現在の修善寺にブルワリー醸造所を設立。まず創業時の思いを伺いながら工場めぐりはスタート。

ベアードビールは原材料にこだわり、麦芽は自然に発芽させた古典的な製法のものを使用。ホップは生ホップのみを使い、果実などの副原料を利用する際は無農薬の旬のものを使います。体験では原材料のモルトやホップの香りの利き比べができます。個性的なフレーバーを生み出しているのは、素材の良さを引き出す最低限の加工技術とのこと。

タンクが並ぶ工場内をめぐりながら、濾過をせず、自然な発泡性を促し、消費者が味わう直前までビールが進化し続ける瓶内・樽内熟成という方法を採用する製法の説明を受けます。また農園の案内も。季節限定ビールに使うイチジクやミカンなどの果実を無農薬栽培で育てています。最後は約20種類のベアードビールをテイスティングできるタップルームで3種の試飲を堪能。造り手のこだわりや思いを知ることで、ビールの味わいが増すのを感じます。

界 アンジン

船旅気分を楽しむ海一望の宿
デッキで湯上がりビールの至福

ブルワリーを後にして界 アンジンへ。手業のひとときではチェックイン後、滞在シーンに合わせて用意した3種のペアードビールを味わえます。

まずは、ウェルカムドリンクの「ライジングサンペールエール」。富士山から昇る太陽のラベルが印象的なボトルです。オーシャンビューの客室で味わい、翌朝の海の朝焼けに期待が膨らむ一杯です。

客室はすべて洋室。オーシャンビュースイートは約77平方mの広さがあり、リラックスできます。

温泉は最上階の8階に大浴場と露天風呂があります。湯船に浸かると目線の先に水平線があり気分爽快です。併設の湯上がり処・サンブエナデッキは、按針が造った船「サン・ブエナ・ベントゥーラ号」の甲板をイメージ。手業のひととき2種目のさっぱ

開放感いっぱいの露天風呂。夕焼けや朝日に染まる時間帯も感動的だ。

湯上がりにはさっぱりした味の「修善寺ヘリテッジヘレス」。

ビールとの相性抜群

左／会席料理とペアードビールのペアリング。右上／食事処の仕切りは多彩なデザインのパーテーション。右下／絶景のサンブエナデッキ。

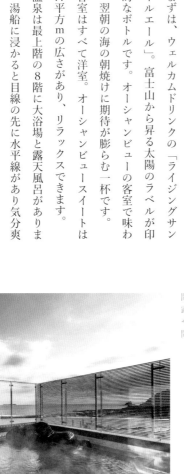

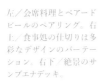

りとした湯上がりビールを味わいます。

夕食の会席料理には、3種目となる「レッドローズアンバーエール」をペアリング。宿名の由来である三浦按針の故郷イギリスの国花、ローズのラベルが印象的なボトルです。フルーティーな味わいのビールを創作和会席に合わせて味わいます。

最後は土産の一本、「アングリーボーイブラウンエール」。創設者のブライアンさんが三浦按針のような侍として描かれるボトルです。ベアードビールのロゴ入りグラスと合わせて持ち帰ることができ、旅を振り返るアイテムになることでしょう。

界 アンジン

静岡県伊東市渚町5-12［客室数］45（洋室45〈スイート5室〉）［泉質］アルカリ性単純温泉（アルカリ性低張性高温泉）／pH8.5／泉質別適応症は自律神経不安症、不眠症、うつ状態［環境］標高10.8m／夏平均気温29.6℃、冬平均気温6.9℃、冬の積雪量0cm［交通］〈電車〉伊東線伊東駅からタクシー5分、または徒歩約15分〈車〉東名高速道路厚木ICから小田原厚木道路、国道135号経由約100分

上／海を一望する大きな窓が印象的な客室。こちらはスタンダードルーム。ソファが配され、海を眺めながらくつろげる。下／ダブルベッドの客室。一人旅やカップルにオススメ。

大人のくつろぎ時間

スイートにはレコードプレーヤーがあり、音楽鑑賞で優雅なひとときを。

呼吸法やストレッチを取り入れた現代湯治体操。天気のいい日は海辺で開催。

上／トラベルライブラリー。下／ショップでは、爽やかな色のカップ＆ソーサー、オリジナルティー、船や海をテーマにしたキーホルダーなどを販売。

界 アルプス

かい あるぷす

長野県／大町温泉郷

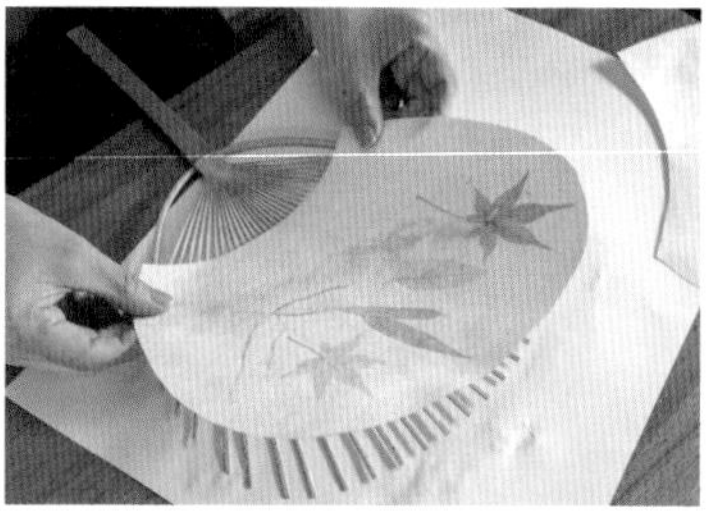

手業のひととき

「豊かな水に育まれた伝統工芸『松崎和紙』で水うちわづくり体験」

上／信州の豊かな水に育まれた伝統工芸・松崎和紙の紙漉き体験。宿に職人を招き、彩り豊かな水うちわを作る。職人技に触れて感動の連続。下／宿泊初日に紙漉き体験、一晩和紙を乾かして翌日に完成。素敵な旅土産になる。

大町温泉郷は立山黒部アルペンルートの入り口にあり、北アルプスを借景にするロケーションです。界 アルプスは小川が流れるのびやかな敷地に、平屋建ての食事処や温泉棟、客室棟が連なります。施設は雪国のアーケード〝雁木《がんぎ》〟の通路で結ばれ、雪や雨を気にすることなく快適に過ごせます。囲炉裏でのふるまいを行うなど、「信州の贅沢な田舎を体感する温泉宿」をコンセプトにしています。

自然素材から生まれる松崎和紙

界 アルプスで行う「手業《てわざ》のひととき」は紙漉《す》き体験です。大町が平安時代から和紙の産地であることにちなみます。「豊かな水に育まれた『松崎和紙』で水うちわづくり体験」と題し、地元の紙漉き職人、腰原修一さんを宿に招いて特別な紙漉きを教わります。

館内の体験ルームで2日間に分けて実施され、宿泊初日は約90分、座学と紙漉き体験です。まずは腰原さんから和紙の歴史や工程、和紙の原料であるクワ科の落葉低木「楮《こうぞ》」などの説明があります。

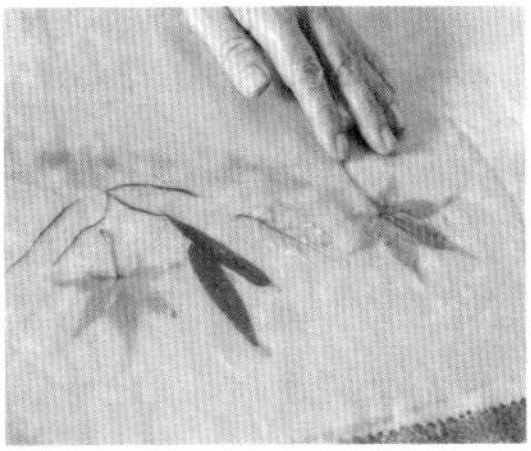

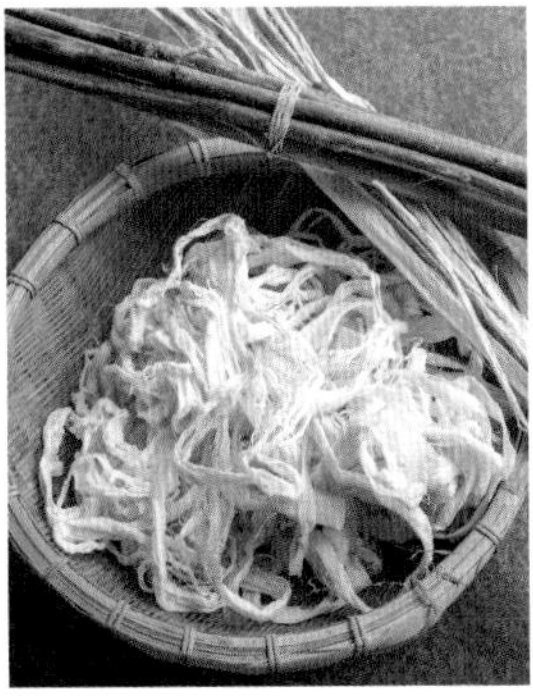

左上／紙漉き体験。ペーパーレスの時代だからこそ貴重な体験。左下／和紙の原料、楮。鉄釜で煮て黒皮を剝き、強靭な繊維を持った白皮の状態で使用。原料を見て、触れるところから体験は始まる。右上／大町市で採取した草木の葉や花を和紙に漉き込む特許製法。

手業のひとときを担当する界 アルプスのスタッフと著者(中央)。制作した松崎和紙の水うちわを持って記念写真。

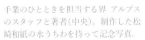

体験ルームには乳白色の原料液が入った水槽が用意されています。原料液は、つなぎの役割を果たすトロロアオイと楮を混ぜたもの。楮を沈ませずに均等に分散させて、漉きやすくするためだそうです。

次は簾桁《すけた》という竹の簾《すだれ》をはめこんだ道具で原料液をすくいあげ、縦に横に揺らし、回転させ、繊維を絡ませます。「横に横糸、縦に縦糸、回転しながら絡ませ、強度のある和紙を作ります」と腰原さん。

紙の厚みは簾桁に入れる水の量や漉く回数で決まりますが、水が意外に重く、道具を思うように動かせません。迷いやもたつきが厚みのばらつきを生む原因に。一方、腰原さんの手元では水が生き物のように軽やかにリズミカルに動き、表面均一の和紙に。

草木を漉き込んだ特別な水うちわ

次は簾桁から簾を外し、紙床《しと》という台に移して、色とりどりの葉を漉き込む作業です。

「植物の色を保つ特殊処理は先代が開発した特許」と腰原さん。草木の葉や花などの天然素材をその特

信州松崎和紙工業・腰原修一さん

90年続く信州松崎和紙工業の三代目。大町市で唯一の現役紙漉き職人。植物の色を保つ特許製法を活かし、大町市で採取した草木の葉や花などを漉き込んだ松崎和紙を制作。手作りによる丈夫さとしなやかさ、自然の温かみが感じられる。

和紙は究極のエコ。自然循環のサイクル

植物由来の和紙は水に溶けるので自然に還ります。和紙を貼るノリなども天然素材を使えば、剝がしやすい上に環境にも優しい。和紙の原料である楮は、雪原で乾燥させることで(雪さらし)殺菌と漂白作用が生まれるなど、先人の知恵が生かされています。

［手業のひととき］宿泊初日の20時～21時30分・翌日10時～11時開催(実施日は施設サイトに掲載、事前WEB予約)、1日2組(1組2～4人)、1人7000円(宿泊費別)

左上／温泉街最奥にあり、地域の鎮守社に見守られるように宿が立つ。右上／雪国のアーケード・雁木に沿って建物が連なる。左下／プライベート感がある離れ2室はメゾネットタイプ。松崎和紙や上田紬、地元作家による切り絵など地域の伝統工芸で設えた造り。薪ストーブも。右下／敷地を流れる小川でのんびりと夕涼みを。

界 アルプス

雪国雁木《がんぎ》の温泉旅館で「信州の贅沢な田舎体験」を

徴を活かした色彩が魅力です。現在は腰原さんがほぼ一人で植物の採取から処理、紙漉きまで全工程を行うそうですが、かつて紙漉きは女性を中心に家族と職人総出の冬仕事だったそうです。

次の工程は和紙を薄く漉き、先ほど植物を漉き込んだ和紙にのせ蓋をします。裏側に使う和紙も漉いて、初日はここまで。和紙は一晩、乾燥させます。

翌日の体験は朝食後に約60分、乾かした和紙を使って、水うちわを作ります。うちわの骨組みに、昨日制作した和紙を貼り付けて成形。表面をコーティングして、松崎和紙の水うちわが完成しました。これで水に濡れても大丈夫です。

水うちわを片手に敷地内を流れる小川で足湯なら

上／夕食は季節を感じる会席料理。特別会席のメイン「雪鍋」は、綿あめを雪に見立てたすき焼き。中／竈や囲炉裏のラウンジではふるまいも用意。下／大町市は硬度が異なる三つの水源があり、名水と地酒の飲み比べが楽しい。

ふわふわ
綿あめの雪鍋♪

いいずら
黒部
黒部の氷筍水

ぬ「足水」を楽しみ、水に足を浸してパシャパシャと涼をとります。何とも風流で贅沢なひととき。

和紙は丈夫で保存性が高いため、記録や伝達媒体の歴史を有します。また江戸時代からは襖《ふすま》や和傘、提灯など、現在はインテリアとしても親しまれます。宿の売店や信州松崎和紙工業の工房隣接の売店での土産選びも楽しいひとときです。

界 アルプスは全48室が地域の伝統工芸を設えたご当地部屋「信濃もてなしの間」で、松崎和紙や上《うえ》田紬《だつむぎ》、地元作家による切り絵などが施され、ぬくもりのある空間です。客室の明かり採り障子や行灯には、腰原さんが制作した松崎和紙が使われています。光を通して天然和紙の風合いが感じられ、漉き込まれた木の葉が温かい雰囲気を演出します。

露天風呂から愛でる四季のカラマツ林

客室のうち8室に温泉の内風呂を備えます。温泉は北アルプスの麓に位置する葛《くず》温泉からの引湯。優

おめざがゆ
できました

朝風呂の後は竈炊きの「おめざがゆ」で、ほっこりと。

左上／クセのない単純温泉が注がれる露天風呂。冬は雪見風呂に。大町温泉郷は白馬スキーの拠点として賑わい、館内にはスキー板乾燥室もある。右上／大浴場からもカラマツ林が眺められる。左下／客室8室に内風呂を備える。

トラベルライブラリー。信州の自然・食・文化、登山やスキーにちなんだ本がそろう。コーヒーやハーブティーなどドリンクも用意。

しい肌心地でクセのない単純温泉は、赤ちゃんから年配者まで親しまれるという名湯です。メゾネットタイプの離れは2室用意し、家族連れなどに人気です。離れには薪ストーブがあり、薪をくべる作業も楽しい体験です。

温泉棟には、檜の大浴場と御影石の露天風呂が備わり、どちらも広々としてゆっくりできます。露天風呂は開放感があり、湯船からアルプスとカラマツ林が眺められ、ライトアップの夜は幻想的です。春は木々の芽吹き、秋はカラマツの黄葉、冬は雪化粧が愛でられ、四季を楽しむ特等席になっています。

界 アルプス

長野県大町市平2884-26［客室数］48（和室46、離れ2）［泉質］単純温泉（低張性弱アルカリ性高温泉）／pH7.5／泉質別適応症は神経痛、筋肉痛、冷え性、疲労回復など［環境］標高830m／夏平均気温22.2℃、冬平均気温-2.9℃、冬の積雪量41㎝［交通］大糸線信濃大町駅からタクシー約15分。車は長野自動車道安曇野ICから国道147号経由40分

「手業のひととき」スケジュール例

「手業のひととき」は、施設の体験内容により開催時間と場所が異なります。チェックイン前に現地集合、滞在中に館内で開催、チェックアウト後に現地集合などさまざまです。すべて公式サイトからの事前予約が必要です。年や季節によって内容が異なる場合もあります。

手業のひととき予約サイト
https://hoshinoresorts.com/jp/sp/tewaza/

界 仙石原 (P138～)

1日目
15:00 チェックイン
手業のひととき
「仙石原の自然をテーマにしたアート制作体験」
17:00 ご当地部屋で客室内のアートを鑑賞
17:30 夕食
19:30 温泉入浴
21:00 ご当地楽「彩り手ぬぐい」体験

2日目
7:00 現代湯治体操
8:00 朝食
11:00 アーティストの作品が並ぶショップで土産選び
12:00 チェックアウト
https://hoshinoresorts.com/ja/hotels/kaisengokuhara/

界 箱根 (P40～)

1日目
15:00 チェックイン、ご当地部屋で寄木細工の鑑賞
16:00 温泉入浴
17:30 夕食(箱根寄木細工の器を楽しむ)
21:15 ご当地楽「寄木CHAYA」参加と
客室で寄木コースター作り

2日目
7:00 現代湯治体操
8:00 朝食
10:00 チェックアウト
11:00 **手業のひととき**
「箱根寄木細工職人の工房を訪ねるツアー」
12:00 ツアー終了
https://hoshinoresorts.com/ja/hotels/kaihakone/

界 ポロト (P188～)

1日目
12:00 ウポポイ見学(展示・伝統舞踏鑑賞など)
15:00 チェックイン
16:00 ご当地楽「イケマと花香の魔除けづくり」
16:30 温泉入浴
17:30 夕食
20:00 **手業のひととき**
「アイヌ伝統歌『ウポポ』を奏でるひととき」

2日目
7:00 現代湯治体操
8:00 朝食
10:00 ポロト湖散策
12:00 チェックアウト
https://hoshinoresorts.com/ja/hotels/kaiporoto/

界 アンジン (P162～)

1日目
13:00 **手業のひととき「伊豆の恵みで育む**
クラフトビールのブルワリー探訪」
14:30 終了
15:30 チェックイン　ウェルカムドリンクビール
16:30 温泉入浴
17:30 **湯上がりドリンクビール**
19:15 ご当地楽「アンジン紀行」
19:30 夕食(**ペアリングビール**)

2日目
6:25 現代湯治体操
8:00 朝食
12:00 チェックアウト(**ビールの土産**)
https://hoshinoresorts.com/ja/hotels/kaianjin/

界 津軽 (P56～)

1日目
15:00 チェックイン
16:00 温泉入浴
17:30 会席料理を味わう
19:30 **手業のひととき**
「津軽三味線の達人技に触れる体験」
21:15 ご当地楽「津軽三味線の生演奏」鑑賞

2日目
7:00 現代湯治体操
8:00 朝食
9:00 **三味線貸出**
12:00 チェックアウト
https://hoshinoresorts.com/ja/hotels/kaitsugaru/

界 伊東 (P144～)

1日目
15:00 チェックイン
15:30 ご当地楽「椿油づくり体験」
16:00 温泉入浴
17:30 夕食

2日目
7:00 現代湯治体操
8:00 朝食
9:30 **手業のひととき**
「伊豆に伝わる『つるし飾り』づくり」
11:30 終了
12:00 チェックアウト
https://hoshinoresorts.com/ja/hotels/kaiito/

界 鬼怒川 (P24～)

1日目
15:00 チェックイン、ご当地部屋で
黒羽藍染のアイテムに触れる
16:00 **オリジナルバッグ**で温泉へ
17:00 黒羽藍染の団扇が並ぶ湯上がり処で夕涼み
17:30 夕食
21:00 ご当地楽「益子焼ナイト」

2日目
7:00 現代湯治体操
8:00 朝食
11:00 チェックアウト
13:00 **手業のひととき「200年の歴史を継ぐ、**
黒羽藍染の若手職人による工房ツアー」
15:00 終了
https://hoshinoresorts.com/ja/hotels/kaikinugawa/

界 玉造 (P32～)

1日目
15:00 チェックイン
16:00 **手業のひととき「蔵元から教わる美味しい日本酒の飲み方」**
17:30 温泉入浴
19:30 夕食
21:15 ご当地楽「神楽」鑑賞

2日目
7:00 現代湯治体操
8:00 朝食
12:00 チェックアウト
https://hoshinoresorts.com/ja/hotels/kaitamatsukuri/

界 長門 (P178～)

1日目
15:00 チェックイン
16:00 温泉入浴
17:30 夕食
19:30 ご当地楽「大人の墨あそび」で赤間硯を体験

2日目
7:00 現代湯治体操
8:00 朝食
9:30 **手業のひととき「赤間硯職人と行う硯づくり」**
11:30 終了
12:00 チェックアウト
https://hoshinoresorts.com/ja/hotels/kainagato/

界 別府 (P150～)

1日目
15:00 チェックイン
(手業のひととき 客室で5種類のつげブラシを試す)
16:00 温泉入浴
17:30 夕食
21:00 ご当地楽「湯治ジャグバンド」

2日目
7:00 現代湯治体操
8:00 朝食
11:00 チェックアウト
11:30 **手業のひととき「別府つげ細工職人と行う一生モノのつげブラシ作り」**
13:00 体験終了
https://hoshinoresorts.com/ja/hotels/kaibeppu/

界 霧島 (P64～)

1日目
15:00 チェックイン
16:00 **手業のひととき 客室で本格焼酎飲み比べ**
17:00 温泉入浴
18:00 夕食
21:15 ご当地楽「天孫降臨ENBU」

2日目
7:00 現代湯治体操
8:00 朝食
12:00 チェックアウト
13:00 **手業のひととき「杜氏から教わる本格焼酎と醸造蔵見学」**
14:30 終了
https://hoshinoresorts.com/ja/hotels/kaikirishima/

界 遠州 (P16～)

1日目
12:30 **手業のひととき「自然の恵みをまるごと感じる新茶摘みと製茶体験」**
15:30 チェックイン
16:00 お茶玉美肌入浴
16:40 ご当地楽「利き新茶体験」
17:30 夕食
20:45 美茶楽ラウンジでくつろぐ

2日目
8:00 茶箱朝食
9:00 朝限定のフレーバー「朝茶」
10:00 現代湯治体操
12:00 チェックアウト
https://hoshinoresorts.com/ja/hotels/kaienshu/

界 松本 (P156～)

1日目
13:00 現地集合、**手業のひととき「個性溢れるブティックワイナリーで時代を紡ぐ醸造家の世界観を知る収穫・試飲体験」**
16:00 チェックイン
16:30 温泉入浴
17:00 NAGANO WINE紀行
19:30 夕食(ワインコース)
21:15 ご当地楽「ロビーコンサート」を**特別ワイン付きで鑑賞**

2日目
7:00 現代湯治体操
8:00 朝食
12:00 チェックアウト
https://hoshinoresorts.com/ja/hotels/kaimatsumoto/

界 アルプス (P168～)

1日目
15:00 チェックイン、ご当地楽「囲炉裏で田舎体験」
16:00 温泉入浴
17:30 夕食
20:00 **手業のひととき「豊かな水に育まれた伝統工芸『松崎和紙』で水うちわづくり体験」**

2日目
7:00 現代湯治体操
8:30 朝食
10:00 **手業のひととき(1日目の続き)**
11:00 終了
12:00 チェックアウト
https://hoshinoresorts.com/ja/hotels/kaialps/

界 加賀 (P48～)

1日目
13:00 **手業のひととき「山中塗の木地師があつらえた無垢の酒器で日本酒を味わう体験」**
(11:00/15:00～の場合も)
15:00 チェックイン
16:00 温泉入浴
17:30 夕食(**無垢の酒器で日本酒を味わう**)
21:00 ご当地楽「加賀獅子舞」

2日目
7:00 現代湯治体操
8:00 朝食
12:00 チェックアウト
https://hoshinoresorts.com/ja/hotels/kaikaga/

本書では撮影のために界のスタッフが同行していますが、「手業のひととき」は参加者と職人・作家・生産者さんと行うアクティビティです。

手軽にマイバッグ！

【界の風呂敷】

アメニティーの風呂敷は、界めぐりの楽しみ。撥水加工で湯めぐりに役立つほか、かばんの収納にも大活躍です。結び方・包み方の栞付き。玉が連なるデザインには「お客様と界とのご縁がつながりますように」との思いが込められているそうです。

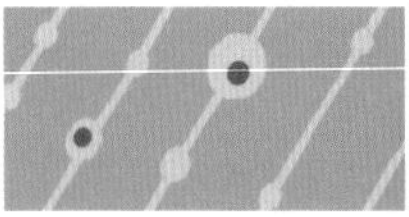

界 ポロト

白樺を囲む大自然

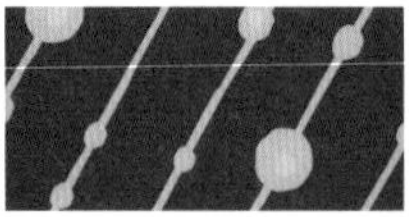

界 津軽

雪とリンゴ

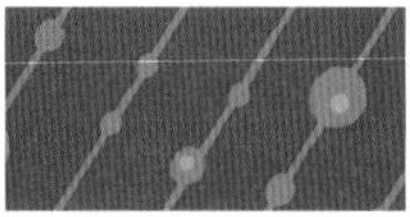

界 鬼怒川

桜と川の流れ

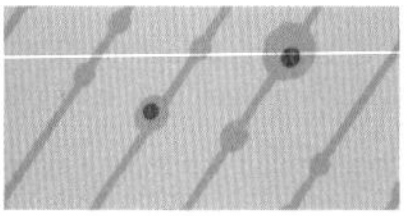

界 仙石原

ススキの黄金

界 箱根

新緑と紅葉

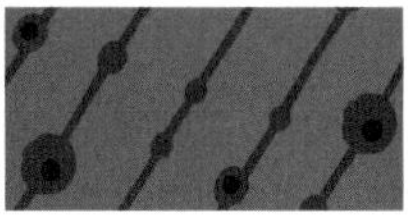

界 アンジン

航海

界 伊東

椿と花弁

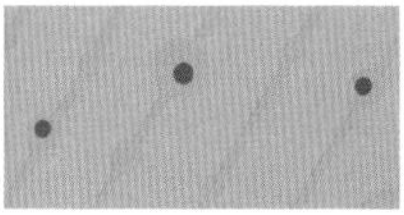

界 遠州

茶畑と新茶

界 松本

上高地や立山黒部の豊かな緑

界 アルプス

高山に咲く花

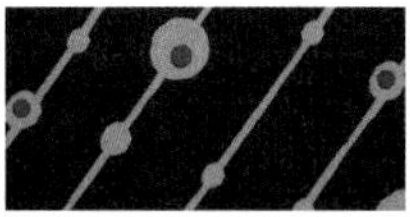

界 加賀

百万石の城下町

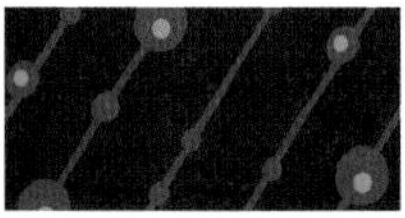

界 玉造

牡丹

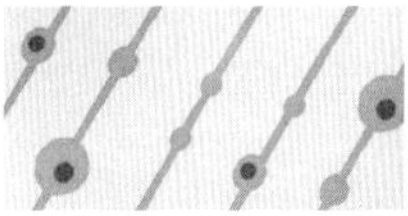

界 出雲

日御碕の夕日

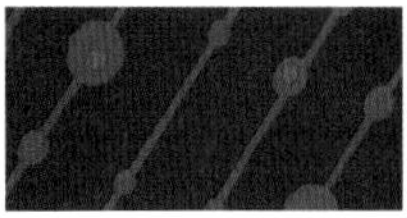

界 長門

武家屋敷の屋根瓦と長門ゆずきち

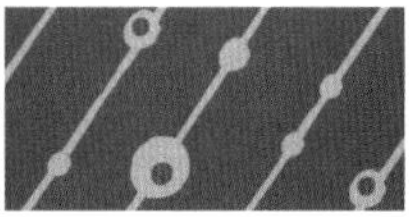

界 別府

別府石と柿渋色（血の池地獄）

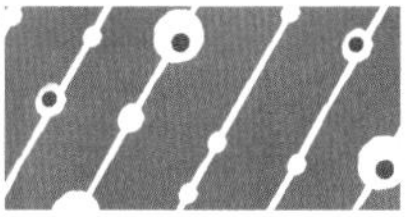

界 由布院

棚田

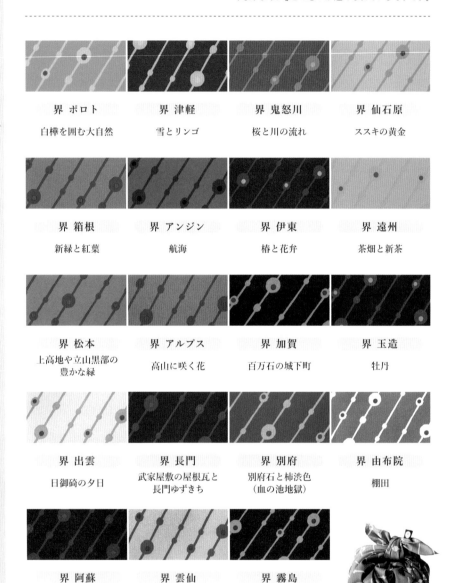

界 阿蘇

火の国、阿蘇山

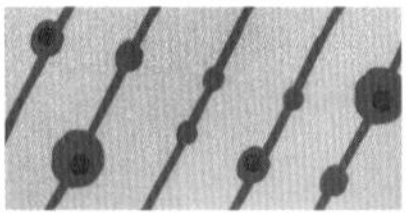

界 雲仙

長崎独特の凧「長崎ハタ」

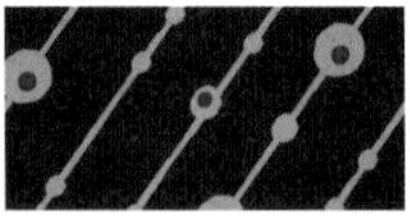

界 霧島

天孫降臨の大地

界の温泉地あるき

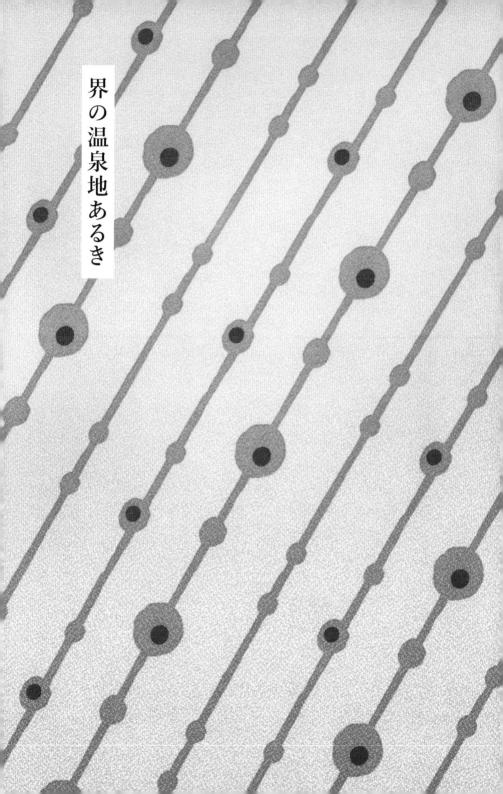

界 長門

かい ながと

山口県／長門湯本温泉

そぞろ歩きの温泉街で
「神授《しんじゅ》の湯」を楽しむ

左上／温泉街への出入り口となる長屋門。右上／地域の伝統工芸に触れられる「ご当地部屋」。徳地和紙のヘッドボードが映える。左下／ぬる湯の源泉が楽しめる大浴場。化粧水の成分に近い温泉は美肌の湯と好評。右下／地元作家による絵画や萩焼が飾られたロビー。

右上／「より贅沢な夜桜鑑賞」がテーマの界 長門の夜桜川床花見プラン。右下／温泉街の玄関口、竹林の階段は照明演出で夜に一際輝く（写真提供／ SHIMOMURA YASUNORI）。

江戸時代の「御茶屋屋敷」をデザイン

界 長門は山口宇部空港から車で約1時間。萩市に隣接する長門市郊外の長門湯本温泉にあります。開湯600年余という山口県で最も古い温泉地で、江戸時代には毛利藩主が度々訪れた名湯として知られています。その歴史から界 長門では、「藩主の御茶屋屋敷」を宿づくりのテーマにしています。

全40室がご当地部屋「長門五彩《ごさい》の間」で、山口県の伝統工芸である徳地《とくぢ》和紙・萩焼・萩ガラス・大内《おおうち》塗《ぬり》の若手作家とコラボレーション。その四つの特徴に温泉街の景色を加えて五彩というわけです。

客室のうち10室は露天風呂が付き、坪庭を眺める石造りの湯船と、テラスに設えた信楽焼の湯船の2タイプがあります。大浴場には源泉掛け流しのぬる湯浴槽と熱めの浴槽があり、温冷交互浴で血行を促進します。泉質はアルカリ性単純温泉。pH9・9を誇る湯は化粧水の成分に近いそうで、湯上がり後は肌がしっとりと潤います。

露天風呂付き客室は全10室。2タイプあり、こちらは4室のみの特別室。右下／特別室の露天風呂は石造り。広めの湯船で、pH9.9を誇る美肌の湯が独占できる。川風も心地よい。左下／大浴場に併設する露天風呂。夜はライトアップされて幻想的だ。

上／冬の特別会席。メイン「ふぐと牛の源平鍋」は、紅白の彩りで源平合戦を表現。夏みかんが味のアクセントに。下／ご当地朝食。左／徳地和紙を使った行灯。

長門湯本温泉は、古刹・大寧寺《たいねいじ》ゆかりの源泉に恵まれることから「神授《しんじゅ》の湯《ゆ》」と呼ばれています（P186参照）。外湯の恩湯《おんとう》ではその源泉が岩盤から湧き出す様子を、入浴しながら眺めることができます。界 長門では、温泉の魅力や温泉街の歴史を紹介するアクティビティを用意していて、地域の個性に気軽に触れられるのが魅力です。

半個室の食事処で味わう夕食は、季節を表現する会席料理。山口県で親しまれるイカをはじめとした魚介類、野菜や果物など旬の味覚を使った独創的なメニューです。地酒もそろえ、ペアリングが楽しめます。

まちづくりの思いが詰まった空間

館内には山口県の伝統工芸・赤間硯《あかますずり》に親しめる「ご当地楽《がく》ラウンジ」があります。2020年3月に開業した際、内装はスタッフが左官職人の指導を受けながら、漆喰《しっくい》壁に磨き仕上げを行いました。地元の関係者は「場づくりに関わることで、地域への愛着

左／週末の無料アクティビティ「夜の温泉街をそぞろ歩く　音信あかりみちさんぽ」。右／長屋門にある「あけぼのカフェ」では、どら焼きとドリンクを販売。長門特産の柑橘・ゆずきちのどら焼きは大人気。

界のスタッフと地域関係者で内装を施した、ご当地楽ラウンジ。「大人の墨あそび」では、赤間硯で墨を磨り、好きな言葉を色紙に綴る。

が増す」と話します。

界 長門は、長門市と星野リゾートと地域とがタッグを組んだ「公民連携のまちづくり」の象徴の一つとして誕生しました。

ご当地楽ラウンジでは毎日、ご当地楽「大人の墨あそび」を無料開催。８００年以上の歴史を重ね、江戸時代には藩主への贈答用として用いられた赤間硯の歴史を学んだ後、墨を磨《す》り、色紙に思いを綴ります。赤間硯は石の粒子が細かくて墨をよく磨れるため、発色や伸びがよい墨液になるそうです。墨の香りに癒やされながら、楽しい時間が過ごせます。

界 長門

山口県長門市深川湯本2229-1［客室数］40（和室40〈露天風呂付き10〉）［泉質］アルカリ性単純温泉（アルカリ性低張性低温泉）／pH9.9／泉質別適応症は自律神経不安定症、不眠、うつ状態［環境］標高51m／夏平均気温27℃、冬平均気温7.3℃、冬の積雪量0cm［交通］〈電車〉山陰線長門市駅からタクシー約15分〈車〉中国自動車道美祢ICから国道316号経由約30分

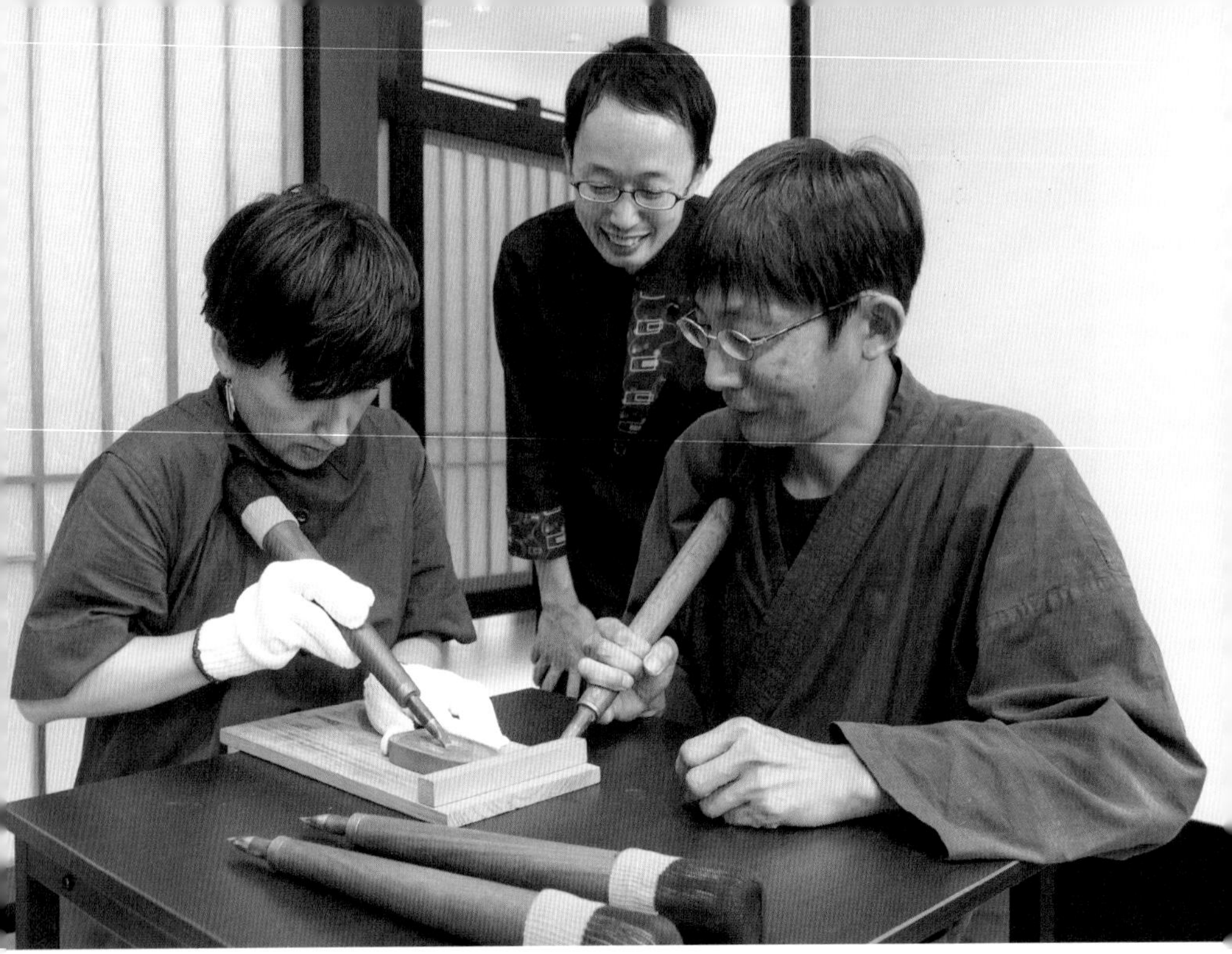

上／長さ約30㎝のノミの柄を肩に押し当て、体全体で力をかけて石を彫る。職人が指導するので。初めてでも大丈夫。
下／職人が漆塗りの仕上げを施した完成品が届く。

界 長門

手業のひととき

「赤間硯職人と行う硯づくり」

前ページで紹介した「ご当地楽」の体験風景。赤間硯の魅力を、界のスタッフが歴史を踏まえ情熱いっぱいに紹介。大小、形さまざまな赤間硯が用意され、選べる。

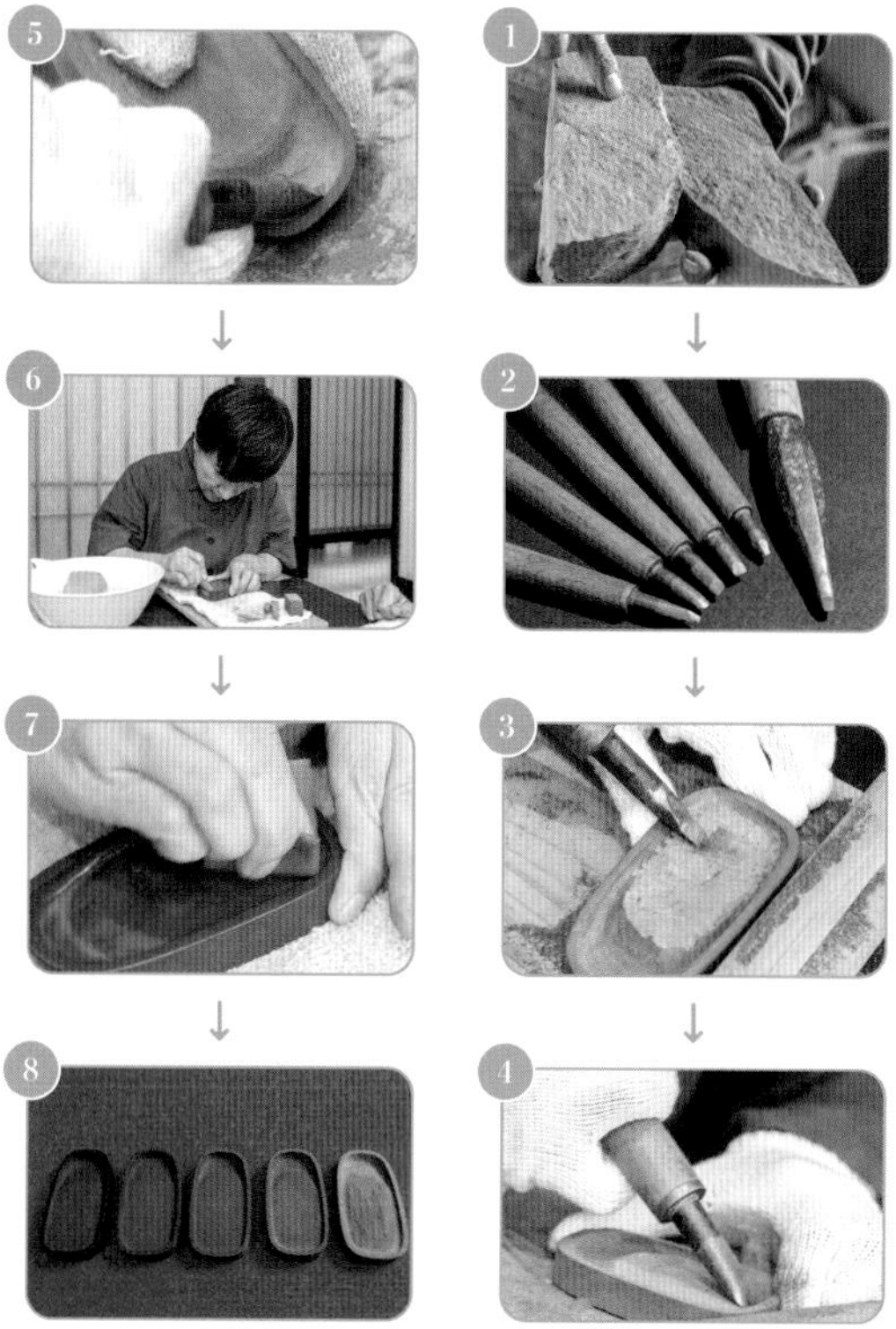

「赤間硯づくり」体験の流れ

❶原石紹介。石の名は赤間石（赤色頁岩）が採れた下関市赤間関に由来の説も。❷使用する道具（ノミ）の紹介。❸職人が行う縁を作る縁立て。丸や四角の石の形に沿って内側を3㎜ほどの深さに削る。❹❺墨を磨る平らな陸と墨が溜まる海を彫る。❻水を加え砥石で磨く。❼水ペーパーで細かく磨き、仕上げは泥砥石での「目立て」。❽工程（右→左）。

自分だけの赤間硯づくり

界 長門ではご当地楽「大人の墨あそび」から一歩踏み込んだ体験、手業のひととき「赤間硯職人と行う硯づくり」を実施しています。宿泊翌日の9時30分から約2時間、館内で実施。監修はご当地楽も担当する作硯家《さくけんか》の日枝陽一《ひえだよういち》さん。

日枝さんは山口県宇部市にある日枝玉峯堂《ひえだぎょくほうどう》の四代目で、赤間硯の原石採石から制作、販売までを一貫して手がけています。採石から行う赤間硯職人は現在わずか3人。採石を専門としていた初代の流れを受けて、質のよい原石を使用します。

手業のひとときでは、日枝さんが事前に整形した石を使います。墨を磨る平らな陸《おか》と墨が溜まる海《うみ》という部分が、下準備として彫られています。

参加者はこの状態から日枝さんと一緒に制作。長さ30㎝ほどあるノミの柄《え》を肩に押し当てて体全体で力をかけて石を彫り進めます。まずは内側を3㎜ほどの深さに切り込んで削る縁立て。

縁立てのままでは単なる水入れの状態。ここから墨を磨る平らな陸と、その墨が溜まる海の部分を彫り上げ、硯にしていきます。幅の広いノミを使いつつ平らにし、砥石で下から上へ磨きかえして海の傾斜を整えます。

水を加えながら砥石を使って磨き、さらに水ペーパーを使って細かく磨き、泥砥石を使って墨を磨りやすくする「目立て」の作業で仕上げ磨きを行います。硯を光に当てながら陸が平らであるか、水が海

もうひとつの

手業のひととき

萩焼作家と行う手びねり体験

界 長門の客室や館内の設えを手がける萩焼作家、坂倉善右衛門さんから、萩焼の歴史や作品制作の工程について教わる。坂倉さん自身が開発する釉薬の話も聞ける。茶碗やマグカップ、ぐい呑みなどを手びねりで作り、最後の仕上げを坂倉さんが行い、後日に焼き上げ、完成品が自宅に届く。開催は1月中旬～2月中旬の指定日（公式サイトより事前予約）。

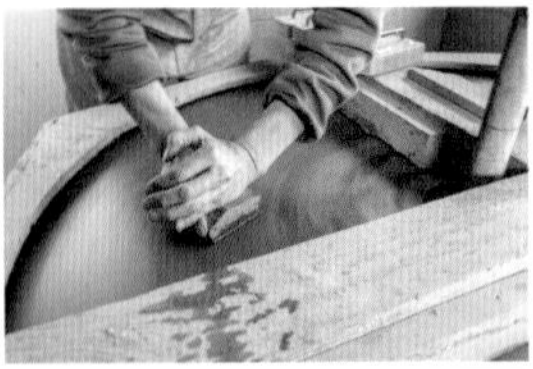

上から、宇部市の工房で作業工程を取材。日枝さんは伝統の坑道掘りで地下30mにある赤間石を採石。目で見て石の音を聞き分けて質のよい原石を選別。型取りの後、研磨。工房には円硯（えんけん）や楕円硯などさまざまな硯が並ぶ。

工房では父の日枝玉峯さんとともに親子並んで作業することも多いという。道具は、持ち手となる木の選定から行って手作りする。

日枝玉峯堂の四代目・日枝陽一さん

原石の採石から製作を一貫して行う作硯家。赤間石の優しく温かみのある色を活かした楕円形の硯は、現代の生活空間に合うデザインとして人気。山口県芸術文化振興奨励賞や日本伝統工芸展日本工芸会奨励賞はじめ受賞歴多数。

石との対話を楽しみ
使いやすさを追求

原石は何千万年もの時間がつくりだしたもの。その原石が硯の質を左右します。自然産物の恩恵を預かるモノづくりです。ぜひ石の声を聞き、対話を楽しみ、ご自分の使用している姿を思い浮かべながら、使いやすい硯の形を追求してください。

［手業のひととき］宿泊翌日の9時30分～11時30分開催（実施日は施設サイトに掲載、事前WEB予約）、1日3人定員（1人から実施）、1人1万円（宿泊費別）

へうまく流れるかなどを確認します。

全体を見ながら部分を極める作業は奥深い。自分用だから、使いやすさへの執念は自分次第という精神修行のような体験です。最後は周囲の面を取って、体験はここまで、一旦完成です。

長門湯本の旅を思い出すきっかけに

自宅に後日、赤間硯が届きました。箱を開けると桐箱に自作の赤間硯があり、日枝さんから「お預かりした硯に拭き漆仕上げを5回行い、完成致しました」との手紙。桐箱裏面には筆文字の名入れもあり、感動しながら旅の余韻に浸ります。丁寧な手入れを施すことで生涯の友となる作品です。

マイ赤間硯を手にしてから、私は書道を始めました。使う度に長門湯本の旅を思い出します。ゆっくりと呼吸しながら墨を磨ることで、自分と向き合う時間が増えることでしょう。誰かを思って筆をとることも増えるでしょう。

立ち寄りスポット

「オソト天国」長門湯本温泉の楽しみ方

～外湯からはじまる温泉街そぞろ歩き～

長門湯本温泉のコンセプトは「オソト天国」。玄関口となる竹林の階段から外湯の恩湯《おんとう》がある広場、音信《おとずれ》川沿いの温泉街までが、ひとつの空間として広がっています。

温泉街再生の鍵は「川という公共空間だった」と、まちづくりの関係者は話します。飛び石や川床を設置するなど、公民と地域がアイデアを出し合って親水性を高める工夫を凝らしています。雁木《がんぎ》広場や川床テラス、対岸への近道・飛び石もめぐりながら、話題のスポットを訪ねてみましょう。

まず温泉街のシンボルである外湯の恩湯へ。長門湯本温泉の元湯です。この立ち寄り湯の再建を核にして、まちづくりが考えられました。開湯600年の「神授の湯」を継承し、温泉が湧き出る岩盤の上には住吉大明神が鎮座します。温泉は長門一の宮（下関）の住吉大明神が、大寧寺三代住職・定庵禅師から説教を聞いたお礼に贈ったと伝わるそうです。

深さが約1ｍの浴槽は旧恩湯へのリスペクトとのこと。温泉街で育った住民から「湯の底に足が着くことが体の成長の証しだった」と聞きました。36～39度ほどの熱すぎずぬるすぎずの源泉が掛け流され、美肌の湯を堪能できます。

1／恩湯。岩盤から湧き出る全国でも貴重な足元湧出泉。2／川床テラスは温泉街に4か所7基。3／有賀敬直さん・彩香さんによるクラフトビール醸造所365+1BEER(サンロクロクビール)。その場で提供するタップルームを併設。4／山口県の郷土料理・瓦そばの専門店「柳屋」。熱々の瓦に映える茶そばと地元食材を、特製つゆで味わう。

5／冬の温泉地を盛り上げる「音信川うたあかり」(写真提供／長門湯本温泉まち株式会社)。6／おとずれ堂は萩焼ミニギャラリー＆土産店。築50年以上の日本家屋を、その歴史を知る住民が参加してリノベーション した。7／界 長門の向かい、「だいご長屋」2階にあるTHE BAR NAGATO。この道30年のバーテンダー・黒田大介さんが、定番から季節のカクテルまで提供。

温泉街再生で注目を集める長門湯本温泉。外湯の恩湯を中心にする音信川沿いの温泉街めぐりが人気です。古民家を改装した萩焼カフェや地ビール店をはじめ、新店舗が続々オープンしています。季節のイベントも盛りだくさんです。

大屋根をいだく平屋造りで、湯上がり処のガラス戸を開放すれば快適な縁側空間になり、秋のイベント「萩焼・うつわの秋」の中心会場などにも使われています。

昼も夜も楽しい長門湯本温泉

温泉街では「オソト天国」を体験できる楽しいイベントを季節ごとに開催。春は「橋の上のアフタヌーンティー」、夏の川床、秋の「紅葉ごろ寝BAR」、冬のライトアップ「音信川うたあかり」をはじめ、盛りだくさん。2024年春にスタートしたテントサウナ（玉仙閣）ほか、魅力が増えています。

飲食店も個性的です。古民家をリノベーションした萩焼カフェ（cafe&pottery音）や本格的なバー、食事処は地元名物の焼き鳥店（さくら食堂）や瓦そば店（柳屋）に加えて、主に長門市仙崎漁港で水揚げされる魚の干物やフライが評判の味処（ひものや食堂ひだまり）が2024年4月にオープンしました。

交通面もどんどん進化し、山口宇部空港からの乗合バスや福岡市からの直行バス（西鉄バス・おとずれ号）は便利。温泉街発のレンタカーやレンタサイクルも登場し、快適で楽しい滞在となることでしょう。

※長門湯本温泉公式観光サイト　https://yumotoonsen.com

アイヌ文化を楽しむ
ポロト湖畔の温泉旅館

界《かい》 ポロト《ぽろと》

北海道／白老温泉

北海道遺産のモール温泉を堪能

新千歳空港から車で約40分。界 ポロトは白老《しらおい》町のポロト湖畔にあります。ポロトはアイヌ語で「大きな湖」の意味。湖の南岸に位置し、全42室がレイクビューです。

湖畔に立つ三角屋根の建物は「△湯《さんかくのゆ》」と呼ばれる湯小屋。丸太を組んだ三脚で屋根を支えるアイヌ民族の建築・ケトゥンニを基本構造にしています。内部はトドマツの丸太で組まれ、高さは約9・5m。

内湯と露天風呂には、北海道遺産に選ばれる「モール温泉」が満ちています。モールとは泥炭《でいたん》（亜《あ》炭《たん》）などをさすドイツ語に由来。植物性の有機物を多く含む温泉は茶褐色で、土や植物のような独特の香りに癒やされます。泉質は弱アルカリ性単純温泉。保温と保湿効果があるナトリウムの成分で肌がスベ

右上／湖畔に佇む三角屋根の湯小屋は「界 ポロト」を象徴する建物。右下／特別室の温泉露天風呂からポロト湖や樽前山が眺められる。

左上／湯小屋内に設けられた湯上がり処。ここで湯守りが現代湯治体操を行う。中／特別室のリビング。湖を一望するテラスがある。左下／ご当地楽は、アイヌ民族の魔除けの植物「イクマ」を用いたお守りづくり。

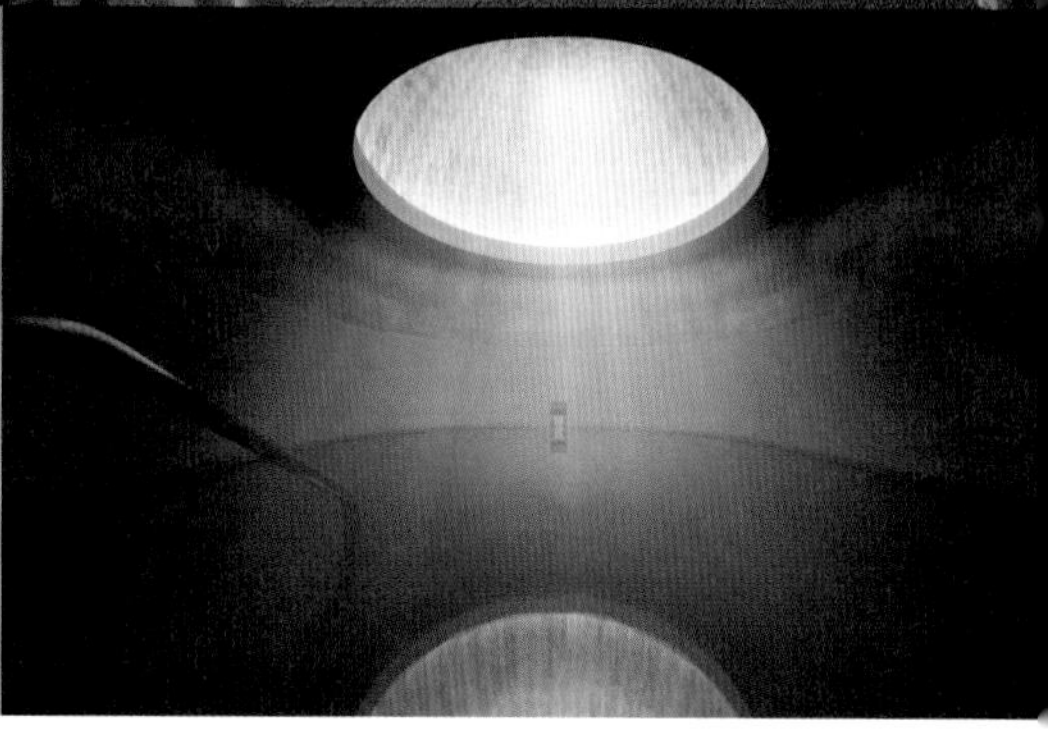

左上／湖と一体となる眺望が広がる男性用露天風呂。右上／トラベルライブラリーは落ち着いた雰囲気。左下／□の間の特別室。アイヌ文様やアイヌ彫りから着想を得たデザインが施されている。右下／大浴場の○湯(まるのゆ)。天井から光が降り注ぎ、神秘的な雰囲気だ。

スべになるほか、体のめぐりを高めてくれます。

露天風呂は内湯の湯船とつながっています。内湯に浸かったまま歩いていくと、次第に外の景色が広がり最高の開放感が味わえます。

全室がポロト湖ビューのご当地部屋

客室は全室が地域色豊かなご当地部屋の「□《しかく》の間《ま》」です。アイヌ民族の家屋「チセ」から発想した炉を模したテーブルを中心に、壁にはアイヌ文様やアイヌ彫りから着想を得たデザインを施すなど工夫を凝らします。42室のうち15室には温泉の露天風呂が備わります。湯船からはポロト湖や樽前山などの四季が満喫でき、気分爽快です。

夕食は、北海道の山海の幸を盛り込む季節の会席料理。器にも地域の演出があり、例えば熊の置物と一緒に運ばれる先付の器にはジャガイモのすり流しとイクラが盛られ、お造りなどが並ぶ「宝楽盛り」はアイヌ民族が使用した丸木船を彷彿させる器で登場します。朝食にもアイヌ民族の郷土料理「チェプ

手業のひととき

「アイヌ伝統歌『ウポポ』を奏でるひととき」

アイヌ文化の伝承者・高橋志保子さんから、アイヌ民族で継承された歌「ウポポ」を教わる。アイヌ語の意味や歌われてきたシーンも紹介。独特の節回しやメロディーを、旋律と歌詞を少しずつまねながら学ぶ口承文芸体験。合唱や輪唱にも挑戦。

土・日曜の20時～21時、1日3組(1組1～3人)、2人から実施、1人6500円、公式サイトから事前予約。

上／「コタンの宵の集い」。ご当地の酒、つまみが楽しめる。中／特別会席の「毛蟹と帆立貝の醍醐鍋」。濃厚なブイヤベーススープが魚介の旨みを引き立てる。下／器も楽しい季節の会席料理。

朝夕の食事は湖畔を眺めるカウンター席か半個室の食事処で味わう。

オハウ（鮭の具だくさん汁）」をベースにするなど食も楽しみです。

ご当地楽《がく》は、アイヌ民族の魔除けの植物「イケマ」を用いたお守りづくり。イケマはガガイモ科の植物で、魔除けとして身につけられていたもの。スタッフのこんな説明が心に残ります。

「アイヌ民族は花や火や水や、私たちを取り巻く全てをカムイ（神）と考えます。『天から役目なしに降ろされた物はひとつもない』というアイヌの精神が私は好きです」。体験から、アイヌ民族が大切にする自然との互恵関係などを感じることでしょう。

界 ポロト

北海道白老郡白老町若草町1-1018-94［客室］42(洋室27、露天風呂付き客室12、特別室3)［泉質］単純温泉(弱アルカリ性低張性温泉、モール温泉)／pH7.8／泉質別適応症は自律神経不安定症、不眠症、うつ状態［環境］標高6m／夏平均気温23.3℃、冬平均気温0.9℃、冬の積雪量41cm［交通］〈電車〉室蘭本線白老駅から徒歩約10分〈車〉道央自動車道白老ICから道道86号経由約5分

立ち寄りスポット

アイヌ文化を体感する「ウポポイ」のめぐり方

～滞在３時間、半日、何度でも～

アイヌとカムイ、六つのテーマ

ウポポイはアイヌ文化をテーマとした国立施設。敷地は東京ドーム約2個分の面積を誇り、ポロト湖南岸の自然豊かな地に博物館エリアと公園エリアが広がります。

まずはゲート左手にある体験交流ホールへ。伝統芸能の上演時間を調べて、先に希望回のチケットをとるのがポイントです。その時間が決まると、前後に博物館見学や食事などがスムーズです。

例えば、体験交流ホールの伝統芸能上演「シノッ」「イメル」（約20分）から見学をスタート。演者はみなウポポイのスタッフでありアイヌ文化伝承者。最新の映像技術や北海道の美しい映像を取り入れた演出で、アイヌ民族の世界を表現します。

次は、ゲート正面にある国立アイヌ民族博物館へ。建物は高床を模した斬新なコンクリート造り。収蔵資料は約1万点に及び、2か月に1回ほどのペースで展示替えを行っています。

展示室は大きく六つのテーマに分かれています。「イタク（私たちのことば）」「イノミ（私たちの世界）」「ウレシパ（私たちのくらし）」「ウパシクマ（私たちの歴史）」「ネプキ（私たちのしごと）」

写真：（公財）アイヌ民族文化財団

1

2

3

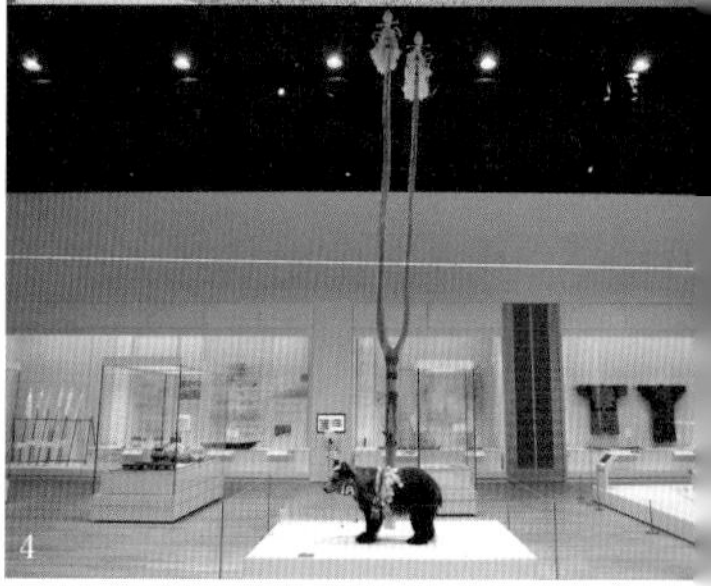
4

1／「アイヌ民族の伝統芸能は、儀礼やお祭りに集まった人々が、カムイと一緒に楽しむために演じられてきた」と演者は話す。2／体験交流ホール。3／国立アイヌ民族博物館。1階にはシアターやライブラリ、ミュージアムショップ。4／展示室が2階にある。「イノミ（私たちの世界）」ゾーンには、アニメで分かりやすく「アイヌとカムイ」の互恵関係を紹介するコーナーもある。

界 ポロトに隣接する「ウポポイ〜民族共生象徴空間〜」は、アイヌ文化に触れられるナショナルセンターです。ウポポイの広報さんに、3時間〜半日ほどでめぐる定番コースを教えていただきました。

「ウコアㇷ゚カㇱ（私たちの交流）」。順路はなく、それは「興味を持ったことから自由に見学を」との意向から。

アイヌ民族の世界観の中心となるカムイの考え方、自然観、死生観などを紹介します。

茅葺きの家屋「チセ」を再現

今度は、公園エリアにある「伝統的コタン」へ。コタンとは集落のこと。白老地方に伝わるアイヌ民族の家屋（チセ）が再現され、歌や踊り、物語などを囲炉裏の間で披露します。

時間があれば工房での木彫り、刺繍体験などもぜひ。またアイヌ料理が味わえる飲食店も豊富でオススメです。

「ウポポイは公園でもありますので、広場でのんびり過ごす方も多いようです」とはスタッフの話。

ちなみにウポポイとはアイヌ語で「（おおぜいで）歌うこと」。また「民族共生象徴空間」はアイヌ語で「ウアイヌコㇿ コタン」。「互いを敬う集落」の意味です。

アイヌ文化に触れて多様性や互いを尊重する心を知ることで、相手への興味や尊敬の思いなどが生まれる気がしました。

界 ポロトでの楽しみも増すことでしょう。

http://ainu-upopoy.jp　☎ 0144-82-3914

5

6

7

8

5／ウポポイはJR白老駅（北口）から徒歩約10分のポロト湖南岸エリアに広がる。6／茅葺きの家屋・チセが湖畔に点在。7／チセでは伝統楽器のムックリをはじめ、アイヌ民族に伝わる芸能を披露する。8／ウポポイには、アイヌ料理が気軽に味わえる「カフェリムセ」やフードコート「ヒンナヒンナキッチン炎」、創作料理が自慢の「ハルランナ」など食事処も多彩。

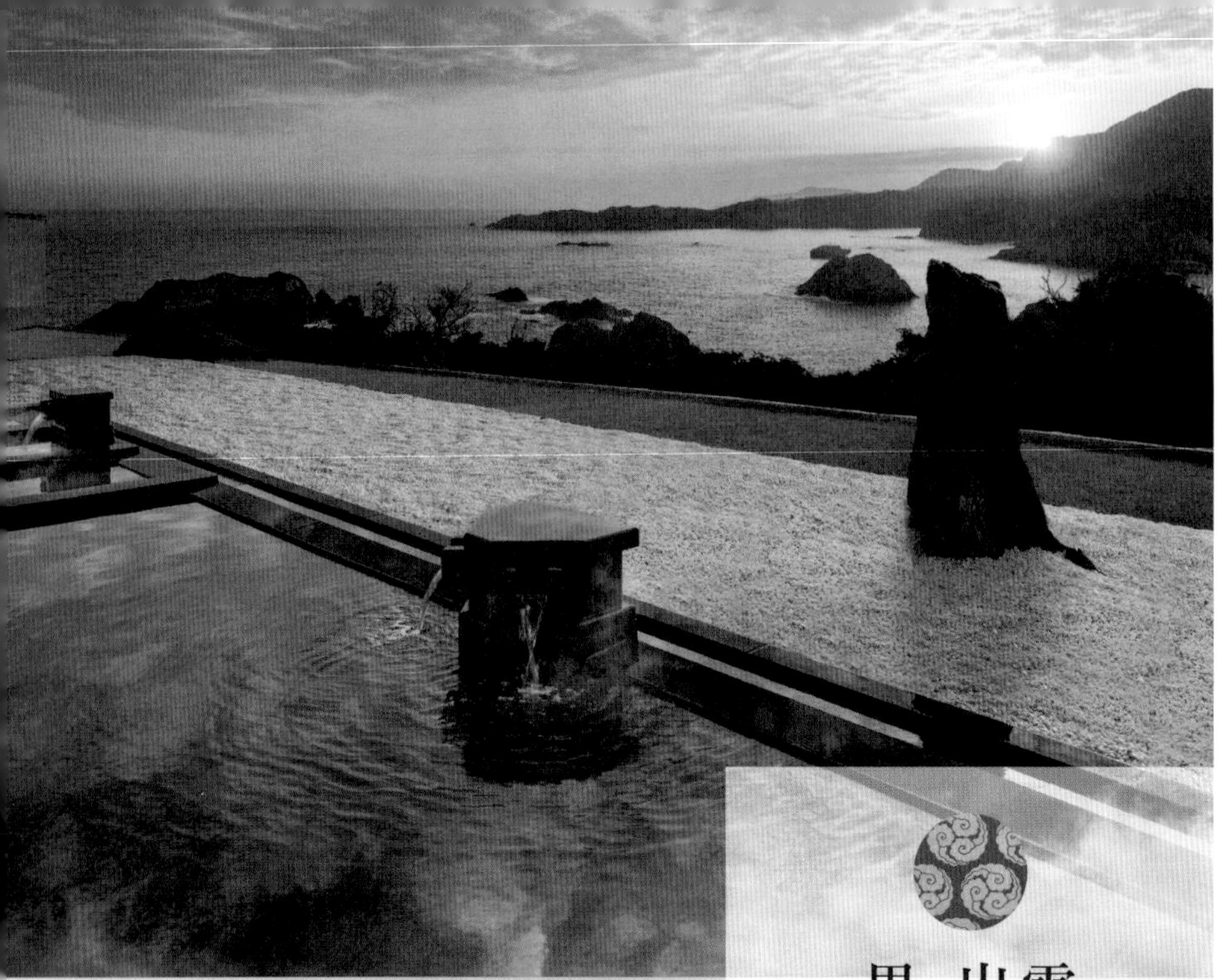

界《かい》 出雲《いずも》

島根県／出雲ひのみさき温泉

身を清め、心を整える
「お詣り支度」の温泉旅館

出雲神話を体感する「みそぎの湯」の宿

界 出雲は島根半島のほぼ西端の日御碕《ひのみさき》に位置し、全室から日本海を一望します。吹き抜けのロビーは壁一面が紺碧色。そこに鉄のオブジェで「日本海に沈む夕日」が表現されています。これは古代から伝わる「たたら製鉄」という伝統技法によるアートワーク。

当地は夕日の名所で、古くから「日沈宮《ひしずみのみや》」と呼ばれる下の宮がある日御碕神社など、パワースポットとして知られます。出雲大社へは車で20分ほど。参拝の拠点となる「出雲ひのみさき温泉」の宿です。

泉質は塩分濃度の高いナトリウム―塩化物強塩泉。塩のベールに包まれることで保温と保湿効果が高まる美肌の湯です。宿では「海をも思わせる塩泉を清めの塩に見立て、神社に詣でる前の〝みそぎの湯〟としてご利用ください」と、参拝前の入浴を提案します。宿づくりのテーマを「灯台と水平線を望むお詣《まい》り支度《じたく》の宿」としています。

右上／日本海一望の露天風呂。右下／島根半島西端の日御碕灯台がある岬に宿は立つ。

左／ロビーに映える鉄のアートワークは「日本海に沈む夕日」がテーマ。たたら製鉄の伝統技法による素材が使われる。右／神饌朝食のプラン。下／全39室がご当地部屋「彩海の間」。出雲松島を望むタイプ(左)と、日御碕灯台を望むタイプ(右)がある。

大浴場には源泉かけ流しのぬる湯浴槽とあつ湯浴槽があり、交互に入浴することで血のめぐりがよくなり、体がほぐれます。海原を望む露天風呂には寝湯もあり、海の絶景が広がります。目の前に大海原が広がる大浴場で朝焼けの日本海を愛でれば、心は晴れ晴れ、活力チャージができることでしょう。

タグ付き活松葉蟹を斬新なメニューで提供

全39室がご当地部屋「彩海の間」です。見える景色で大きく2タイプあり、日御碕灯台を眺める客室は、夕日のオレンジ色をより鮮やかに感じられるように補色効果のある藍色でリビングを設えます。また出雲松島が広がる海側の客室では、昇る朝日を眺められ、石州和紙の壁紙で朝焼けをイメージ。

夕食は石州和紙の障子で区切られた半個室の食事処でゆっくり味わえます。秋冬の名物は「八雲立つ蟹会席（タグ付き活松葉蟹）」です。

「枠にとらわれない発想で界 出雲オリジナルの蟹会席を考えました」と総支配人は話します。

左上／出雲の伝統工芸に触れられる食事処。右上／秋冬の「八雲立つ蟹会席（タグ付き活松葉蟹）」のメインは、蟹のほぐし身を灯台になぞらえた「松葉蟹の灯台盛り」。中／見た目も華やかな「松葉カニ湯引き刺し」。下／特別感のある神饌朝食。

左上／大浴場には、ぬる湯とあつ湯の湯船がある。左下／海と空とひとつになる露天風呂。下／「温泉いろは」。界 出雲の湯守りが、地域の歴史やオススメ入浴法などを紙芝居形式で紹介。毎朝開催の現代湯治体操「稲佐の浜　神の渡り体操」も神話モチーフで楽しみ。

ご当地楽

地域の魅力を毎夜紹介
ご当地楽
伝統芸能「石見神楽《いわみかぐら》」

出雲大社の起源を描いた神話「国譲り」を、スタッフが華やかな衣装とダイナミックな舞で披露する。神話の世界に触れて、古社参拝への思いが膨らむ。日本海をバックにする広場には石州瓦のベンチが置かれ、出雲の銘茶を用意する。

上／「かわたれテラス」は、明け方の時間帯「彼は誰時(かわたれどき)」のビュースポット。ご来光の美しさに癒やされるひととき。下／テラスに併設するトラベルライブラリー。

メインの「松葉蟹の灯台盛り」は、日御碕灯台をイメージして、たっぷりの蟹の身で高さを出した一品。付け合わせにキャビアやウニなどが用意され贅沢な味わいが楽しめます。「松葉カニ湯引き刺し」ほか、全八品の蟹料理が堪能できます。

朝食は神饌《しんせん》をイメージした神饌朝食が人気です。神饌とは、地元の山海の珍味を神様に献上する食事。神様と同じものをいただき、体を内側から清めることで、より強いご縁が結ばれるそうです。

お詣り支度が整ったら、出雲の社寺参拝の旅に出かけましょう。

界 出雲

島根県出雲市大社町日御碕604［客室］39室(洋室39)［泉質］ナトリウム－塩化物強塩泉／pH6.8／泉質別適応症は神経痛、筋肉痛、抹消神経循障害、冷え性、疲労回復ほか［環境］標高36m／夏平均気温26℃、冬平均気温5℃、冬の積雪量0cm［交通］〈電車〉山陰本線出雲市駅からバス約40分、日御碕灯台下車すぐ〈車〉山陰自動車道出雲ICから約30分

「手業のひととき」オンライントーク

「手業のひととき」を開催初年度である2021年から、月刊『旅行読売』で毎号紹介しました。取材した職人、生産者、スタッフは50人以上。ここでは連載1年の節目に実施したオンライントーク回の記事を再掲します。

地域と旅行者を結ぶ「界」の新しい取り組み!

「職人、生産者と行うご当地文化体験」開催中

連載再掲

「開催初年度にもかかわらず、手業のひとときは予想を上回る体験者数でした。参加の世代、目的もさまざまで、私たちも多くを学ばせていただきました」と、界のスタッフは話します。

例えば界 伊東（プラン名・伊豆に伝わる「つるし飾り」づくり体験）では、夏休みの自由研究として子ども連れ家族に人気を集めました。界 アルプス（「松崎和紙」で水うちわづくり体験）では、「手業のひとときが新婚旅行の宿選びの決め手というお客様がおられました」というエピソードも。

界 霧島（杜氏から教わる本格焼酎と醸造蔵見学）では20~40代の参加者が半数以上を占め、紙漉きや藍染体験は20代女性が目立ったそうです。界 鬼怒川の内ヶ崎光紗さんは、「若い世代の手仕事への関心が高まっていると感じます」と言います。

スタッフの皆さんが話していたのは、「職人、生産者とのコミュニケーションに力を注いだ。コロナ禍の難しさも諦めなかった」ということ。体験者へどう伝えるかなど打ち合わせを重ねたそうです。

「話の中で印象に残った津軽三味線のエピソードを、先生からお客様に伝えていただけるよう認識合わせに時間をかけました（界 津軽、神飛鳥さん）」、「何度も話を聞くことで、職人さんの思いやこだわりが分かってくる。お客様のご当地体験を深めるためには、間をつなぐ私たちの好奇心、伝える工夫が大切だと感じました（界 長門、三保裕司さん）」。

この土地・この宿でしかできない体験を

手業のひとときは、界でしか体験できないオンリーワンのもの。滞在全体で特別感を演出します。

例えば界 箱根（箱根寄木細工職人の工房を訪ねるツアー）では、前日の宿泊が手業体験を盛り上げ

全国の界とオンラインを結んで「手業のひととき」座談会を実施、担当者が集まった。
1_界 玉造、2_界 日光、3_界 遠州、4_界 仙石原、5_界 箱根、6_界 アルプス、7_界 長門、8_界 伊東、9_界 加賀、10_界 松本、11_界 鬼怒川、12_界 川治、13_界 津軽、14_界 霧島、15_界 阿蘇、16_著者(左)、東京オフィスで。

ます。ルームキーホルダー、床の間やヘッドボード、酒器などで箱根寄木細工に親しめる客室。食事中も、器、鍋の台座に至るまで箱根寄木細工です。

界 霧島の橋本啓吾さんは「鹿児島には112の焼酎蔵があります。飲み比べに加えて、香りという切り口を検討中。滞在初日は宿で私たちが焼酎の魅力をお伝えし、翌日の蔵体験につなげます」と。

界 玉造〈蔵元から教わる美味しい日本酒の飲み方〉の鈴木奈美さんは、「蔵元を旅館に招いて、お客様に直接、日本酒の楽しみ方を伝えてもらいます。翌日は酒蔵のある町めぐりを紹介」と話します。

想定外にもコロナ禍と重なった手業のひととき。移動制限がかかる中、宿や関連施設で少人数で行う文化体験は、安心感や特別感につながったのでしょう。温泉旅館というくつろぎの空間で感染症対策を徹底し、旅の思い出となる滞在の魅力に情熱を注ぐ旅館スタッフ。地域を支える職人や生産者とのコラボレーションは続いていくことでしょう。(月刊『旅行読売』2022年6月号掲載)

星野リゾートの歴史と界のあゆみ

国内外に約70拠点を展開する星野リゾートですが、その始まりは一軒の温泉旅館から。その旅館開業から2024年で110年を迎えています。初代は温泉の掘削、二代目は水力発電や野鳥の森を手がけるなど自然環境を重視。三代目はブライダル事業など西洋のアイデアを取り入れました。そして現・四代目は、地域の自然や文化を「ご当地の個性」に磨き上げて「旅を楽しくする」ことにこだわります。歴史を「界」のあゆみとともに見ていきましょう。

1904年	長野県軽井沢の開発に着手（温泉の掘削を開始）
1914年	「星野温泉旅館」開業
1917年	木製水車を利用した水力発電を開始
1929年	水力発電所を建設
1951年	株式会社星野温泉と改組
1974年	星野エリア隣接の国有林が「国設 軽井沢野鳥の森」に指定される
1991年	四代目・星野佳路《よしはる》氏、社長就任
1992年	所有を本業とせず、運営会社を目指すという企業将来像を発表

開業当時の星野温泉旅館（星のや軽井沢所蔵）

1995年
社名を「株式会社星野リゾート」に変更
「ホテルブレストンコート」（軽井沢）開業

2001年
「リゾナーレ八ヶ岳」（山梨県北杜市）の運営開始

2003年
「アルツ磐梯リゾート」（福島県磐梯町）の運営開始
（2008～2009期から磐梯山と裏磐梯の連結プロジェクトを開始し、2023年「星野リゾート　ネコマ マウンテン」として連結オープン）

2004年
「トマム」（北海道占冠村）の運営開始

2005年
「星のや軽井沢」開業、「星のやブランド」スタート
第一回・日本エコツーリズム大賞（株式会社ピッキオ）
旅館再生事業着手（石川県の白銀屋、静岡県のいづみ荘、青森県の青森屋・奥入瀬渓流ホテル）

2006年
旅館再生事業（長野県の貴祥庵・松延）

トマム（霧氷テラス）

星のや軽井沢

- 2007年　旅館再生事業（島根県の有楽）
- 2008年　旅館再生事業（静岡県のアンジン、蓬莱・ヴィラデルソル）
- 2010年　旅館再生事業（静岡県の花乃井、青森県の南津軽錦水）
  マスターブランド戦略スタート
- 2011年　旅館再生事業（大分県の界 ＡＳＯ）
  「リゾナーレ」ブランド誕生
  「界」ブランド誕生
  「界 松本」はじめ、「界 津軽」「界 出雲」（現・界 玉造）、「界 阿蘇」がリブランドオープン
  界の「ご当地楽」がこの時期スタート
- 2012年　「界 熱海」「界 伊東」「界 加賀」「界 箱根」「界 アルプス」リブランドオープン
  界の「ご当地部屋」がこの時期9施設で誕生
- 2013年　星野リゾート・リート投資法人が東証に上場

界 箱根

界 津軽

（日本で初めての観光に特化した不動産投資信託「リート」の誕生）

「界 遠州」リブランドオープン

若い世代の旅応援「界タビ20s」開始

2014年

開業100周年にちなみ「旅は魔法。100TRIPSTORIES

世界の若者100人、日本旅レポート」を実施

「界 日光」「界 川治」開業

2015年

「界 鬼怒川」開業

2016年

「星のや東京」開業

初の面的再生事業となる「長門湯本温泉のマスタープラン」策定

（山口県長門市）

2017年

「星のやバリ」開業

「界 アルプス」改装・再開業

「界 アンジン」開業

長門湯本温泉再生事業（提供／長門市）

界 鬼怒川

2017年	界の「うるはし現代湯治」スタート
2018年	街ナカホテル「OMO《おも》」ブランド誕生 「界 仙石原」開業
2019年	若い世代に向けた「BEB《べブ》」ブランド誕生 海外での温泉ラグジュアリーリゾート 「星のやグーグァン（台湾）」開業
2020年	「界 長門」開業
2021年	「界」がサブブランド戦略を強化 界ブランド10周年記念として「手業のひととき」スタート 「界 霧島」開業 界めぐりの「お湯印帳」「湯守りのこだわりドリンク」 「デジタル・ストレスケア・マッサージ」の三つを 界ブランドで新規導入

界 霧島

界 ポロト

2022年

「界 別府」開業

「界 ポロト」開業

70歳以上限定「界の温泉旅シリーズ」開始

「界 由布院」開業、「界 出雲」開業、「界 玉造」リニューアル

「界 雲仙」開業

2023年

長門湯本温泉に次ぐ面的再生事業を

北海道弟子屈町の川湯温泉で開始

2024年

4月に「界 秋保」開業

秋に「界 奥飛騨」開業予定

ほか新規開業続々

2026年

「界 テシカガ」開業予定

界 秋保

界 由布院

星野リゾート◉代表 星野佳路

「王道なのに、あたらしい。」

新しい温泉旅館ファンを創造していく。

星野リゾートは温泉旅館出身

星野リゾートには五つのホテルブランドがありますが、温泉旅館ブランド「界」は私にとって特別な存在です。それは星野リゾートのはじまりが１９１４年開業の星野温泉旅館であり、実家の仕事が私のキャリアの原点であるからです。観光が地方経済の担い手になるために、温泉旅館を強い業態に進化させていく、これが私の使命であると感じています。

私は実家の温泉旅館経営を引き継いだ１９９１年から10年ほどは、星野温泉旅館の改修に注力していました。その後２００１年から軽井沢以外の施設の運営を手がけるチャンスをいただきます。山梨県にあるリゾナーレ八ヶ岳に続き、２００３年に福島県のネコマ マウンテン、２００４年に北海道のトマムの再生事業が始まりました。

温泉旅館ブランド「界」の展開

そして２００５年から温泉旅館の再生事業がスタートします。大型施設である青森県の青森屋や奥入瀬渓流ホテル、そして今の界につながる小規模温泉旅館である石川県の白銀《しろがね》屋や静岡県のいづみ荘などの再生です。同時に軽井沢では２００３年に星野温泉旅館を閉館し改築、２００５年に「星のや軽井沢」という新たな名称で再開業しました。

小規模な温泉旅館を全国に8施設運営していた２０１１年、それらをすべて「界」という名称にリブランドし、日本初の上質な小規模温泉旅館チェーンとして展開を始めました。それぞれ歴史ある旅館名であったので、それらを捨てることには抵抗感があったのも事実です。

しかし、この決断に迷いはありませんでした。温泉旅館が、世界のホテル業界の中で競争力を持つために、どうしても踏み出さなければいけない分野がいくつかあり、その一つがブランディングであるという確信がありました。

地域らしさの重要性

界ブランドを全国に展開していく時に大きなハードルがあります。首都圏は人口が多く経済力が強いため、東京周辺の温泉地は集客に有利であり、東京から遠い温泉地は不利であるということです。

この課題を克服する方法は、温泉旅館が地域性にこだわり、それぞれが個性ある魅力を発信することです。青森県の温泉旅館が、首都圏周辺の温泉旅館と同じ要素を並べていては、そこまで行く理由がなく、不利を克服できません。青森らしさを温泉旅館のすべての要素でこだわり表現することで、そこに行く理由を創造するのです。

本書で紹介があるように、界では「ご当

地部屋」や「ご当地楽《がく》」をはじめ、地域らしい特徴を定番のサービスとして提供しています。温泉の泉質も地域ごとに異なり、その個性も「うるはし現代湯治」というプログラムで、スタッフが入浴法を含めご案内しています。

「手業《てわざ》のひととき」も、地域をより深く紹介する体験プログラムです。多くの宿泊者に参加いただいています。スタッフが地域の職人・作家・生産者さんと取り組んできた活動をベースにして、その場所ならではのプライベートな体験プログラムを開発しました。

個性ある観光資源を旅館滞在と組み合わせることで、「手業のひととき」という従来にはなかった体験サービスを地域と協力し、作り上げることができました。本書でこのテーマを中心に取り上げていただけたことは大きな意義があり感謝しています。

若い世代を温泉旅館の主役に

担当いただく職人・作家・生産者さんは、意識的に若い世代にもアプローチしています。伝統的な技術は、継承していく人がいなければ消滅してしまいます。地域の若い職人・作家・生産者さんにフォーカスをあてて、その方々を主役にしていくことは観光産業ができる役割です。次の担い手が少しでも参入しやすくなるよう、お手伝いができればと考えています。

同時に市場サイドの方にもアプローチしています。若い世代の方々に早くから温泉旅館の楽しさに気づいてもらう努力も続けています。界タビ20s（トゥエンティース・P123参照）は、その代表的な取り組みです。界ブランドを立ち上げる時の市場調査で、若い世代に温泉旅館離れが進んでいることがわかりました。

温泉旅館も現代人の新しいライフスタイルに合わせて調整していく必要があります。残すべきところは残し、変えるべきところを変えて、新しい温泉旅館ファンを創造していくマーケティング、それを象徴して「王道なのに、あたらしい。」というコンセプトワードが生まれました。

進化はいつも現場スタッフの発想力から

コロナ禍が終わり経営課題も変わってきて、経営者の私も新しいモードに切り替える必要があると感じていました。そのヒントを得るために2023年9月から全国の界22施設をめぐり、現場のスタッフとざっくばらんに意見交換を行いました。進化のヒントがたくさん飛び出し、私にとってエキサイティングで楽しい学びの時間でした。

お客様と日々向き合い、旅の満足度を第一に考え献身的に仕事をしているスタッフたちは、それぞれの施設の課題、作業のあり方、組織の進化すべき方向性を無意識に蓄積し内在させています。私の仕事は、それを彼ら彼女らから引き出し言語化し、体系的にまとめて納得感のある経営戦略に置き換え、変革をリードしていくことです。だから温泉旅館におけるイノベーションのベースはいつも現場スタッフにあるのです。

このイノベーションの繰り返しは、界ブランドを強くしてきました。顧客に高い価値を提供し、投資家に十分なリターンを生み、同時に地域の新しい需要を創造することにつながっています。それが界ブランドの成長、施設数の増加につながっています。

界はラグジュアリーではない

私は、一人の日本人としてラグジュアリーに生活したい欲求はなく、むしろそういう空間に身を置く機会は、どこか落ち着かないのです。旅をする時に求めていることは、上質な滞在であり、それはそこで働く方々と旅行者である自分が共に作り上げる時間であると考えています。界はそういう温泉旅館であり続けてほしいと思うのです。利益率が高いから富裕層を狙ったり、成長セグメントだからインバウンドを意図的に増やすのではなく、普通に旅が好きな方々に上質な滞在を提供したい。地域の魅力に精通したスキルあるスタッフが、ストレスなく楽しみながら主客対等の日本のおもてなしを展開できる業態にしたいのです。

界の未来、連泊で楽しむ温泉地に

「王道なのに、あたらしい。」。これは界ブランドにとって大事なコンセプトです。温泉旅館を世界に誇る宿泊カテゴリーに育てていくためには、さらなる進化が必要です。

その第一は、連泊に向いているサービスに変化すること。日本の温泉旅館滞在の大半は一泊です。他の宿泊施設カテゴリーに比べて短い上に、今求められている環境対応においても課題があります。旅行業界が排出しているCO_2の約半分は交通です。一泊二日の旅行は、一泊あたりのCO_2はとても高いのです。温泉旅館のリネン類の清掃も同じことがいえます。温泉旅館で二泊滞在にしていくことは難しいように感じるかもしれませんが、それはサービスのあり方に起因しており、温泉旅館が変わっていくことで滞在日数を延ばしていくこと

旅は発見、もっと日本が好きになる。
「界」はこれからも温泉旅館を通して、
日本の旅をもっと楽しくしていきます。

は可能です。そのために、周辺事業者ともっと連携して昼間のアクティビティを充実させたい。温泉旅館の連泊推進は地域に新しい経済効果を生むはずです。

第二は、予約の柔軟性を高めること。予約日の変更、人数の変更、部屋タイプの変更、温泉旅館はまだまだ予約システムのDX（デジタル変革）で足りない部分があります。夕食を旅館内で食べるのではなく、地域の名店で食べる選択肢を増やしたい、それを予約時にスマートフォンでできるようにしたい……。顧客が思うままに自由に旅をデザインできるシステムにしたい。まだまだ進化できることはたくさんあるのです。

旅は発見、もっと日本が好きになる

星野リゾートのミッションは「旅を楽しくする」と定義しています。単に客室・宿泊を売るのではなく、地域の個性的な魅力をテーマに体験サービスを提供し、行ったことがない場所への旅行に誘い、顧客の旅行ライフを充実させることに貢献します。

界ブランドは全国30施設を目標にしてきましたが、現在取り組む新しい案件を含めると、その目標は私の中では達成済み。さらに勢いを増し50施設を目標にしよう、たった今決めました。界が50施設×50室の2500室ほどの規模になると、さらに発信しやすくなります。全国の魅力あふれる温泉地にあることで、ファンの方々は周遊旅もしやすくなります。

地方の個性を知ると、日本という国の深みを理解できますし、この国に住んでいることのプライドも変わってくるはずです。旅は発見、もっと日本が好きになる。そんなお手伝いができるように、界はこれからも温泉旅館を通して日本の旅に貢献してまいります。

ほしのよしはる

星野リゾート代表。慶應義塾大学経済学部を卒業後、米国コーネル大学ホテル経営大学院修士を修了。1991 年に星野温泉旅館（現・星野リゾート）社長に就任。以後「星のや」「界」「リゾナーレ」「OMO（おも）」「BEB（ベブ）」の5ブランドを中心に国内外で施設を運営。年間80日のスキー滑走を目標としている。

あとがき

私が星野リゾートで初めて体験したアクティビティは、長野県軽井沢でのバードウォッチングでした。それは社会人1年目の1994年、星野温泉旅館（現・星のや軽井沢）に泊まり、隣接する「国設 軽井沢野鳥の森」で行われたツアーでした。ピッキオというプロのネイチャー集団が、野鳥の鳴き声を聞き分け、その個性あふれる特徴を紹介し、森の生態系までガイドするひととき。今でも説明内容を鮮明に覚えています。

その約20年後、私は星野リゾートの星野佳路《よしはる》代表をインタビュー連載するのですが、バードウォッチングでお世話になったピッキオは、星野代表が1992年に前身となる野鳥研究室を立ち上げたことに始まると取材で知りました。「森を森として残すためには、森を本来の用途で稼げる土地にしなければいけない。そうしないと、いつか別の目的の土地に変わってしまう」という話をうかがいました。先代の時代はボランティアで実施した森の案内を、ガイドの質を上げて、どこにもないプログラムを提供して、有料にしたことなどを連載記事に書きました。

「森を森として残すため」。これはつまり、その場所の個性を知り、観光人材の手で磨き上げ、地域と一緒になって魅力を発信する取り組みです。訪れる旅行者を熱狂的なファンにしながら場所や人の価値を高めていくのです。この話を思い出す度に、これこそ温泉旅館「界」の「ご当地楽《がく》」や「ご当地部屋」、そして「手業《てわざ》のひととき」の原点であると私は感じます。

本書は界や温泉地のまちづくりなどを長い時間をかけて取材し、月刊『旅行読売』で2021

年7月号から始まった「手業のひととき」連載をベースにして、大幅に加筆・編集。新規の特集などを加えて構成した一冊です。

手業のひとときは本書でご紹介するように、界に宿泊して地域の職人・作家・生産者さんと行うご当地文化体験です。界のスタッフと地域が深くつながり、刺激し合うことで生まれたオリジナルの体験プログラム。藍染・漆器・硯《すずり》・紙漉《す》きなどの伝統工芸体験、日本酒・ワイン・焼酎・手揉み茶をはじめとする食文化体験、アイヌ伝統歌や津軽三味線といった伝統芸能体験を、プロのガイドによる有料のプライベートレッスンで楽しみます。

撮影取材では職人さんたちを主人公にしながらも、私の中ではもう一人の主役がいつもいました。アクティビティを作り出し、宿泊客を案内する界のスタッフです。入社2年目から総支配人まで、多くの方にインタビューをしました。「手業のひととき」誕生までの取り組み、参加者の反応、進化のための改善策、さらには観光業を仕事に選んで星野リゾートに入社したきっかけなどもうかがいました。スタッフ一人一人に物語があり、感動したり刺激を受けたりして、記事に盛り込んだことも。そのみなさんに共通していたのは「自分が知り得た感動をお客様と共有したい」ということ。これが手業のひとときや旅館サービスのベースにあると感じました。

温泉旅館スタッフが、地域と深くつながることで生まれた手わざの体験。それは温泉地をめぐり、日本を旅する楽しさになります。また体験で得られた物づくりの楽しさは、職人技のすごさや手仕事の大変さを実感することにつながりました。美しいものは心を豊かにすることなども感じました。物の価値や温泉旅館の存在、日本の旅の魅力を再認識するきっかけになりました。

界のスタッフから刺激を受けて、学び始めたことがいくつかあります。最もハマったのが日本茶です。静岡茶愛にあふれる界 遠州のスタッフに影響されて、私は猛勉強して日本茶インストラクターの資格を取得しました。茶の産地は全国にあり、旅の幅が広がりました。そんな私のあれこれを当時、リアルタイムで知ってくれていた「手業のひととき」広報担当者がいます。ある日彼女から、「のかたさんに刺激を受けて、もっと私もがんばれるはずと思った」というメッセージをもらい、その後、界の人気企画を立ち上げた話を聞きました。

刺激を与え合うこと。今回、脳医学者である瀧 靖之先生に「旅がなぜ脳の健康に良いのか」というテーマでインタビューを行いましたが、そこでも趣味・好奇心の大切さや刺激を与え合うことに関する話が出て、納得することが多々ありました。瀧先生の取材は約8年ぶりです。当時私は老いていく両親を思い、「旅と認知症予防」に興味がありました。またこの5年は特に、家族や友達、自分の健康について考えることが多く、仕事と同時進行で温泉・入浴・睡眠・日本茶・傾聴・健康の勉強に取り組み、資格取得も。結果的にそれが今回の本づくりに役立ちました。

今年は、旅ジャーナリスト人生30年の節目です。スタート時から地域の魅力をテーマに現場取材を行っていましたので、その部分に大いにスポットをあてて宿づくりをする星野リゾートの取り組みには共感して取材を続けています。思うことは、日本の旅は奥深い。そしてその個性は、そこに暮らし、そこで働き、そこを訪れる人によって作られるということ。読者のみなさまは日本の旅にどんなことを感じておられるでしょうか。

最後になりますが、本書制作にあたり、この場を借りて関係者にお礼を言わせてください。初期から応援してくださった旅行読売出版社の伊藤健一さん、アイデアを形にしてくださったデザイナーの岩本和弥さん、「界」のスタッフはじめ、星野リゾートのみなさま、本当にありがとうございました。全国の撮影取材をともに頑張ってくれたカメラマンの木下清隆さんにも感謝を。おかげで笑顔満載の本が出来上がりました。

家族にも「ありがとう」の気持ちを伝えます。長年の念願であった書籍を、父が元気なうちに出版できてうれしい。「あなたは素晴らしい仕事をしている」と父はいつも褒めてくれ、掲載記事はスクラップにまとめてくれていて、最近そのファイルを受け取りました。前述のピッキオの記事もそこにあり、見返しながらこのあとがきを書いています。

みなさまの思いを忘れず、そして星野代表が私に選んでくださった肩書「旅ジャーナリスト・のかたあきこ」という名に恥じないように、これからも日本を旅しながら現場取材を続けて、旅する方々に向けて情報発信をしてまいります。『手わざの日本旅』が、多くのみなさまとのご縁につながることを祈り、本書を上梓します。

旅ジャーナリスト・のかたあきこ

旅ジャーナリスト・のかたあきこ

「町、ひと、温泉、宿」をテーマに30年、全国を旅しながら情報発信。雑誌やウェブ連載、情報誌編集など幅広く活動。福岡県出身。

手わざの日本旅

星野リゾート 温泉旅館「界」の楽しみ方

2024年4月30日　第1版発行

著者	のかたあきこ
発行者	坂元 隆
発行所	株式会社旅行読売出版社 〒104-8413東京都中央区築地2-5-3 読売旅行本社ビル2階 TEL 03・6853・4311 FAX 03・6853・4312
企画・構成・編集	のかたあきこ
写真撮影	木下清隆 宇田川智　キッチンミノル　長瀬ゆかり 星野リゾート
表紙	大野 舞(Denali)
デザイン	岩本和弥(エルグ)
編集協力	増井裕美
監修・営業	伊藤健一(旅行読売出版社)
販売担当	松田秀雄　鈴木一志(旅行読売出版社)
取材協力	星野リゾート
印刷製本	図書印刷株式会社

ISBN 978-4-89752-347-7 C0026
Printed in japan